DANS L'OMBRE
DU PRÉSIDENT

PAUL POUDADE

DANS L'OMBRE DU PRÉSIDENT

Avec la collaboration
de Marie-Amélie Lombard-Latune

Michel LAFON

118, avenue Achille-Peretti
CS 70024
92521 Neuilly-sur-Seine cedex

www.michel-lafon.com

Aux cent cinq agents du ministère des Affaires étrangères
et de l'Élysée qui assurent, quotidiennement,
le protocole de la République.

Avant-propos

Lorsque, au début décembre 2001, je regagne Paris après avoir quitté mon poste d'ambassadeur de France en Hongrie, je n'imagine ni l'ampleur de la tâche qui m'attend, ni les trois années passionnantes qui vont suivre. Le septennat de Jacques Chirac s'achève. Au bout de cinq années de cohabitation, la bataille électorale entre le président en exercice et le Premier ministre, Lionel Jospin, s'annonce rude. Dans ce contexte politique tendu, je viens prendre, à l'Élysée, mes fonctions de chef du Protocole.

Je n'ai, à vrai dire, qu'une idée imprécise de la mission que recouvre ce titre. Dans mon esprit, il devrait s'agir pour l'essentiel d'introduire les visiteurs de marque auprès du président de la République et de faire en sorte que les ambassades et représentations étrangères installées à Paris rencontrent le moins de difficultés possible. Pour beaucoup, le chef du Protocole incarne cette silhouette qui précède toujours le chef de l'État et dont la seule arrivée dans une pièce donne à tout le monde le signal de se lever. Je vais rapidement m'apercevoir que la réalité est beaucoup plus complexe.

Diplomate de carrière, je suis entré au Quai d'Orsay en 1971 où j'ai alterné des fonctions dans plusieurs chancelleries françaises – Moscou, New York, Vienne – et à l'administration centrale du ministère des Affaires étrangères. Après avoir été conseiller technique au cabinet du ministre Jean François-Poncet, j'ai été sous-directeur du département Amérique, chef du personnel, directeur du département Europe continentale puis, enfin, ambassadeur au Guatemala et en Hongrie.

« Protocole »... Le terme peut sembler désuet. De quoi s'agit-il ? De l'ensemble des règles et des préséances applicables à toutes les cérémonies officielles de la République et aux relations entre les États qui composent la communauté internationale. Sous l'Ancien Régime, le cérémonial était destiné à sacraliser le pouvoir politique. La première charge d'« introducteur des ambassadeurs » fut créée en 1585 par Henri III et confiée à Jérôme de Gondi, plus tard chevalier d'honneur de Marie de Médicis, qui inaugura une longue lignée, interrompue sous la Révolution jusqu'au Consulat de Bonaparte. C'est sous la Monarchie de Juillet que l'introducteur des ambassadeurs devint également chef du Protocole, lorsque ce service fut inauguré en 1833. Il reprit les attributions autrefois dévolues à un grand chambellan ou à un maître des cérémonies. Depuis le XVIe siècle, quarante-six titulaires se sont succédé à ce poste ; je serai, pendant trois ans, le quarante-troisième.

Le service, qui comprend plus d'une centaine d'agents, est rattaché à la fonction diplomatique. Il reflète l'unité de la République et assure non seulement le protocole du président mais aussi celui du Premier ministre et du ministre des Affaires étrangères. Parmi ses principales missions, figure l'organisation des déplacements à l'étranger et des visites des personnalités étrangères en France. Il veille également à la préparation et au bon déroulement des cérémonies officielles telles que l'investiture du président de la République, les 14 Juillet, 11 Novembre et 8 Mai ou, encore, les funérailles nationales.

La « mise en musique » de tous ces voyages et manifestations suppose un solide travail en amont et… beaucoup de doigté. Ce qui explique que la fonction de chef du Protocole soit confiée à un diplomate chevronné. Le titulaire du poste doit avoir une bonne formation politique, juridique et économique, avoir vécu hors de nos frontières, être suffisamment ouvert et curieux pour s'adapter aux cultures et mentalités de pays étrangers et maîtriser de préférence plusieurs langues – pour ma part, j'ai appris le russe, l'anglais, l'espagnol et le roumain.

Enfin, il lui faut bénéficier de la confiance du « couple exécutif », le chef de l'État et le Premier ministre.

Lorsque je prends mes fonctions en décembre 2001, si j'ai croisé Jacques Chirac à différentes étapes de ma carrière, je n'ai jamais travaillé auprès de lui, pas plus à la Mairie de Paris qu'à Matignon ou à l'Élysée. En un mot, je ne fais pas partie de ce que les médias aiment désigner sous le nom de « Chiraquie ». En revanche, pour l'avoir accueillie à trois reprises à Budapest lorsque j'étais ambassadeur, je connais un peu mieux Bernadette Chirac. C'est elle qui a appuyé ma candidature à la direction du Protocole. Elle a été une alliée de poids.

Au moment de parcourir à nouveau ces trois années, me revient une phrase du général de Gaulle qui, dans ses *Mémoires de guerre*, synthétise parfaitement ma mission : « La diplomatie, sous des conventions de forme, ne connaît que les réalités. » Je garderai constamment à l'esprit les deux objectifs que je me suis fixés : essayer, à la place qui est la mienne, de faire le choix de ce qui est bon pour notre pays et, à cet effet, donner le plus de visibilité possible au président de la République, en d'autres termes le valoriser.

Énergie, adaptabilité et esprit d'initiative sont aussi requis car les événements se déroulent rarement comme prévu. Être capable de prendre la juste décision pour redresser une situation délicate peut être indispensable. Tout comme avoir un sens aigu de la ponctualité et veiller de manière sourcilleuse au respect du programme établi. Enfin, ne pas se faire remarquer, s'effacer, bref, rester dans l'ombre, est une règle d'or.

Jacques Chirac a très bien compris cette « syntaxe » du protocole et se montre toujours attentif à ne pas en bousculer l'ordonnancement ni à offenser ses interlocuteurs. Il prend soin d'honorer tous ses engagements et il ne lui vient jamais à l'idée d'annuler une rencontre sous prétexte qu'il est fatigué. Il sait l'utilité du protocole, le prestige qu'il confère à sa fonction et, donc, le bénéfice qu'il peut en attendre en terme de communication.

Une visite d'État à l'étranger se prépare très en amont. Il serait évidemment hors de question d'improviser un tel voyage. Qu'il se rende en Algérie ou en Chine, quelle image le chef de l'État veut-il que l'opinion retienne de sa visite ? Par quels symboles souhaite-t-il la faire passer ? Quels messages veut-il envoyer à ses homologues des autres pays, qu'ils s'appellent Abdelaziz Bouteflika ou Hu Jintao ? Entend-il insister sur leurs liens forts avec la France ou, au contraire, marquer une certaine distance… ? Lors du sommet du G8 d'Évian au printemps 2003, par exemple, de nettes divergences sont apparues sur le sort qui devait être réservé à l'Irak de Saddam Hussein. Comment ménager les susceptibilités des grands de ce monde exacerbées par la crise irakienne mais réunis pour quelques jours sur les bords du lac Léman ?

Outil de la diplomatie, le Protocole doit aussi se préoccuper des multiples détails qui font le succès d'une rencontre. Lorsqu'elle vient à Paris, l'épouse du président chinois aime-t-elle que les plats soient préparés selon ses goûts, les aliments coupés en fines lamelles ? La cuisine de l'Élysée s'y emploie. La reine Elizabeth est certes rompue aux manifestations célébrant l'amitié franco-britannique mais, pour le centenaire de l'Entente cordiale, le Protocole met un soin particulier au dîner donné en son honneur à l'Élysée. Tout comme il s'assure qu'aucune fausse note ne viendra perturber la venue de Gerhard Schröder, premier chancelier allemand à être invité avec les Alliés pour commémorer le Débarquement et prononcer un discours devant le Mémorial de Caen.

En déplacement à l'étranger, une délégation française peut compter jusqu'à deux cents personnes : plusieurs ministres, pas toujours faciles à « manœuvrer », hommes d'affaires, personnalités du monde de la culture, invités privés qui peuvent avoir la tentation de n'en faire qu'à leur tête… et des journalistes qu'il faut mettre en situation de couvrir au mieux l'événement. Sans parler des fonctionnaires, des gendarmes ou des policiers chargés d'assurer la sécurité, les transports et l'hébergement de la délégation. Tout le monde doit y trouver son compte et le Protocole est là pour éviter les couacs.

Dès mon arrivée à l'Élysée, je serai frappé par le fait qu'à tous les niveaux, ce sont les personnes les plus compétentes dans leur domaine qui y travaillent. Non seulement au sein du cabinet présidentiel mais à tous les autres échelons. Techniciens responsables de l'installation des micros et des caméras avant une conférence de presse, employées chargées de repasser les nappes d'un dîner officiel, maîtres d'hôtel qui, munis d'un mètre-ruban de couturière, mesurent la distance entre chaque convive : tous exercent parfaitement leur mission.

Pour découvrir toutes les facettes de ce décorum et en comprendre les subtilités, il suffit d'entrouvrir une porte de l'Élysée, d'y suivre le Protocole et d'entrer dans les coulisses du pouvoir.

Paul POUDADE

– 1 –

George Bush à Sainte-Mère-Église : l'obsession de la sécurité

Mai 2002

Tout est « sous contrôle » sauf la météo. Une bruine glacée tombe sur la place du 6-Juin-1944 à Sainte-Mère-Église, premier village libéré par les troupes américaines et immortalisé dans *Le Jour le plus long*. Je n'ose pas regarder le couple Chirac que je sens fâché. Depuis quelques mois, j'ai appris à connaître le président et sa femme. Quand ils ont cette mine, il vaut mieux faire semblant de rien… J'ai commis une erreur.

George Bush, dont c'est la première visite en France depuis que Jacques Chirac est à l'Élysée, a déjà dix minutes de retard sur l'horaire officiel. Autant dire une éternité alors que ce lundi 27 mai 2002 est réglé à la minute près. Sur le « livret », mémo de la visite rédigé par mes collaborateurs et qui tient dans une poche, la délégation américaine était attendue à 12 heures à Sainte-Mère-Église. Mais toujours rien. Les visages impassibles de Jacques et

Bernadette Chirac masquent mal leur agacement. J'aurais dû suivre le conseil donné par mon adjoint Jean-Pierre Asvazadourian lorsqu'il avait vu que la météo s'annonçait exécrable.

– Pourquoi ne pas mettre le couple présidentiel à l'abri dans le petit musée du Débarquement qui borde la place ? m'avait-il suggéré.

– Non, cela va compliquer l'organisation et la sécurité, avais-je objecté. Mieux vaut limiter les déplacements.

C'était compter sans ce retard des Américains… Cela fait maintenant vingt minutes que l'attente se prolonge sur la place du 6-Juin-1944 et que je suis sans nouvelles de leur délégation qui était censée décoller d'Orly à 10 h 40, atterrir à 11 h 20 à l'aéroport de Caen-Carpiquet, puis s'engouffrer dans un hélicoptère pour se poser à 11 h 50 sur le stade de Sainte-Mère-Église. L'accueil par Jacques et Bernadette Chirac, M. Lefevre, le maire du village, Mgr Fihey, évêque de Coutances et d'Avranches, et le père Allix, curé de la paroisse, était prévu à 12 h 5 sur le parvis de la petite église où doit débuter la cérémonie du souvenir. On peut s'étonner d'un chronométrage aussi draconien mais si un programme n'est pas établi à la minute, voire à la seconde près, une journée peut virer au cauchemar. De cette planification rigoureuse, de l'exactitude du « timing » dépendent le travail de dizaines de personnes et, objectif final, la sérénité pour le président de la République dans l'exercice de sa fonction.

J'ai fini par m'avancer vers l'épouse du président.

« Puis-je, Madame, vous aider à vous abriter ?

– Je n'ai besoin de personne ! »

Je sais pourtant, d'expérience, qu'il ne faut jamais poser une question dont on ne veut pas entendre la réponse…

Je m'éloigne et écoute mes messages sur mon portable. Éviter de paraître inoccupé, dans ces cas-là, est une règle de base.

Enfin, un appel. Un membre du SPHP (Service de protection des hautes personnalités) m'avertit que le Boeing 757 vient d'atterrir à Caen. Le couple Bush s'apprête à monter à bord de l'hélicoptère, il sera à Sainte-Mère-Église dans une dizaine de minutes.

Dès que l'information se répand, un frémissement parcourt le dispositif de sécurité. Policiers, gendarmes, *secret service* américain : près de deux cents hommes sont postés sur les lieux, dont plusieurs dizaines dispersés dans la foule. Parmi les agents français, beaucoup de visages me sont familiers. Si ce n'est pas le cas, je les repère grâce à leur oreillette ou au petit insigne qu'ils portent au revers de leur veste. Le dispositif est si conséquent que, la journée finie, on s'amusera, entre nous, à constater que les présidents Bush et Chirac ont dû serrer autant de mains des forces de l'ordre que de mains de badauds… Mais le chef de l'État français, avec sa technique si personnelle des bains de foule éprouvée pendant les campagnes électorales, aura gardé une longueur d'avance sur son invité. Chaque fois, c'est le même procédé : de sa large main, il en saisit trois à la fois dans le public puis croise son bras libre et recommence l'opération. Le rituel l'enchante, même si, à la fin de l'exercice, il a les mains tuméfiées, parfois même griffées. Au point que des lingettes désinfectantes sont toujours à sa disposition après ces élans fervents mais un peu douloureux. Quant à l'officier de sécurité de Mme Chirac, il est vite couvert de fleurs, lettres, ours en peluche et confiseries qu'elle lui remet au fur et à mesure de sa progression. Et Bernadette Chirac ne se hâte pas…

*
**

Tous les badauds qui ont pu accéder à la place ont d'abord dû franchir les portiques détecteurs de métaux placés au débouché de chaque rue du village. La sécurité est la préoccupation majeure de cette visite qui intervient moins d'un an après les attentats du 11 septembre 2001. Lors de la mission préparatoire, à la mi-avril 2002, les Américains ont, comme d'habitude, placé la barre très haut. Ils étaient une soixantaine à s'installer autour de la table au Quai d'Orsay pour la première réunion, avec cette fâcheuse tendance à se considérer en terrain conquis. Rien que pour Laura Bush, deux personnes étaient présentes : l'une pour l'agenda officiel, l'autre pour l'agenda privé, sans parler de son service de sécurité.

Un mois plus tôt, j'avais déjà rencontré mon homologue, le chef du Protocole américain, lors d'un sommet de l'ONU consacré au financement du développement à Monterrey, au Mexique. Cet homme d'affaires avait été un condisciple de George Bush à l'université… Très vite, lors du nouvel échange au Quai d'Orsay en avril, je me suis aperçu que les Américains souhaitaient un programme réduit à l'essentiel et dans un périmètre limité – pour la capitale – au quartier du Faubourg-Saint-Honoré, où se trouve la résidence de l'ambassadeur des États-Unis, à deux pas de l'Élysée. Le reste du programme de la visite de mai n'était pas négociable. À Paris, il tenait en trois points : un entretien entre les deux chefs d'État, une conférence de presse et un dîner de travail dans l'un des salons de l'Élysée. J'ai dû très vite renoncer à la mini-parenthèse culturelle que je souhaitais proposer aux Américains : une remontée des Champs-Élysées, un passage devant la tour Eiffel avant un bref arrêt à l'Orangerie pour admirer *Les Nymphéas* de Claude Monet. J'avais fait remarquer que cela ne prendrait que trente minutes, tout au plus, en faisant bloquer la circulation, naturellement. Mais on m'a rétorqué aussitôt : « Non, le Président sera fatigué. Vous savez, le décalage horaire… » Je n'ai pas insisté.

Côté sécurité, les Américains allaient multiplier les demandes particulières. Ainsi, après avoir étudié les lieux, étaient-ils très préoccupés par l'étape de Sainte-Mère-Église. Le porche de l'église Notre-Dame de la Paix formant saillie, la voiture blindée présidentielle ne pouvait se coller à l'entrée de l'édifice. Ce qui obligeait George Bush à parcourir quelques mètres à pied. Un cauchemar pour ceux qui sont chargés d'imaginer les pires scénarios terroristes. Des spécialistes des attaques bactériologiques, chimiques et nucléaires faisaient partie de la mission préparatoire et leurs impératifs avaient été pris en compte. Tout avait été envisagé, y compris l'hypothèse d'un tir de missile. Mais ils butaient sur cette histoire de porche. Et pour éviter ce passage à découvert à leur patron, ils ne s'embarrassaient pas de précautions oratoires.

« On n'a qu'à faire entrer les présidents par la petite porte, à l'arrière du bâtiment.

– Non, cela donnerait l'impression d'une arrivée furtive. Mauvais pour les photos et les images télévisées.

– Gardons-les dans la sacristie jusqu'au début de l'office religieux.

– Cela serait vraiment étrange.

– Alors, il n'y a qu'à démolir une partie du porche de l'église pour laisser s'approcher la voiture ! On vous en garantit la restauration après les cérémonies. »

Mes interlocuteurs plaisantaient-ils ou parlaient-ils sérieusement ?

– C'est un édifice ancien, du XIIIe siècle. Cela n'est pas envisageable, leur ai-je répondu, tout en imaginant la tête du responsable des Monuments historiques de la Manche s'il recevait une telle requête de ma part…

En revanche, les Américains sont évidemment toujours séduits par le mannequin de parachutiste accroché au clocher de Sainte-Mère-Église. Ils savent que leurs photographes et cameramen tiennent à ce symbole du Débarquement. Il fournira des images fortes à un public qui garde en mémoire cette scène culte du film *Le Jour le plus long*.

Ces réunions préparatoires où chaque chef du Protocole arpente les lieux suivi par des collaborateurs prenant le moindre détail en note ont été éprouvantes.

… Et n'ont pas empêché les caprices de la météo.

Enfin, vingt-cinq minutes plus tard que prévu, la voiture du président des États-Unis débouche sur la place du 6-Juin-1944. Accueil, cérémonie religieuse sans accroc, allocution du maire, discours de Jacques Chirac, bain de foule sur la place. Le programme du « livret » est de nouveau respecté à la lettre.

Dans l'intervalle, j'ai appris les raisons de ce retard. Les pavés parisiens en sont responsables. La pluie, qui tombait aussi sur Paris ce matin, les a rendus très glissants, contraignant la lourde automobile blindée du Président à ne pas dépasser les quarante kilomètres à l'heure. De la résidence de l'ambassadeur des États-Unis, rue du Faubourg-Saint-Honoré, à Orly, le parcours avait été chronométré : vingt minutes. On calcule toujours « portes fermées » : c'est-à-dire du moment où la voiture démarre à celui où l'avion se met à rouler vers la piste de décollage. Mais la pluie, ajoutée au quart d'heure supplémentaire que le président Bush a passé avec le personnel de l'ambassade, a eu raison de ce minutage. De plus, la sécurité américaine n'avait accepté aucun de mes collaborateurs à bord de leur avion. Ni officier de sécurité, ni personnel du Protocole. Du coup, personne n'a pu me préciser l'ampleur de ce dépassement d'horaire.

J'ai fait partie, comme conseiller technique, du cabinet de Jean François-Poncet, ministre des Affaires étrangères, qui nous recommandait souvent : « Vérifiez toujours tout par vous-même… et plutôt deux fois qu'une ! » J'avais bien calculé le temps de parcours. Mais je n'avais pas anticipé la pluie qui ralentirait les lourdes voitures américaines.

Il s'agit de la première visite du président américain en France depuis son élection deux ans plus tôt. L'horreur du 11 Septembre est encore toute proche. C'est aussi la première fois qu'il ne célébrera pas le « *Memorial Day* » (le jour dédié au souvenir des vétérans) dans sa patrie. Et surtout, la France garde une dette immense à l'égard des États-Unis et de leurs milliers de soldats morts sur les plages de Normandie pour libérer notre pays. Pas question donc de mettre des bâtons dans les roues à la délégation.

En matière de sécurité, on ne peut rien refuser aux Américains. Enfin… presque rien. Chirac, fidèle à sa formule selon laquelle la répétition est le début de la pédagogie, n'a cessé de dire qu'il ne supporterait pas « des cow-boys avec des pistolets à l'Élysée ». Il a donc fallu négocier. Pas de colosse armé autour de l'hôte de la France mais une garde statique à l'entrée de la salle où se tiendraient les réunions. On m'a promis que les Américains ne seraient pas armés. Aujourd'hui, j'espère qu'ils ne le sont pas mais ils n'ont pas été fouillés…

De même, j'ai demandé que les deux automobiles blindées entrent l'une après l'autre dans la cour de l'Élysée lorsque, le dimanche 26 mai dans l'après-midi, le président des États-Unis y recevrait les honneurs militaires. Ces deux énormes véhicules arrivant en même temps auraient bouché la moitié de la cour et gâché les images de cette arrivée. J'ai eu gain de cause mais j'ai préféré avertir le colonel Vincent, commandant militaire du palais.

– Une fois la première voiture entrée, vous ferez fermer la grille. La deuxième n'entrera dans la cour qu'après la cérémonie d'accueil…

À cette occasion, j'ai découvert que seuls les hommes du *secret service* américain peuvent ouvrir, de l'extérieur, les portières de ces voitures blindées. Je ne sais pas trop comment. Ont-ils un code ? En tout cas, ce sont eux qui glissent leur main sous la poignée de ces automobiles afin que les passagers puissent en sortir. Et vous n'avez pas idée du nombre de personnes qu'elles contiennent ! S'en sont extraits, outre le couple présidentiel, Colin Powell, Condoleezza Rice, Andrew Card, le chef de cabinet de la Maison-Blanche ainsi que l'ambassadeur et sa femme.

Ce dernier, Howard Leach, un homme d'affaires richissime, bénéficie, à sa demande, d'une faveur que je lui ai obtenue pour faciliter ses déplacements. Ce qu'on appelle un « décollage gouvernemental » du Bourget, qui ne nécessite de prévenir les autorités de l'aéroport qu'une heure à l'avance. Petite dérogation accordée qui fait gagner du temps à ses bénéficiaires…

Le principe de la visite avait été arrêté à la fin du mois de mars lors de la conférence de Monterrey au Mexique. Bien sûr, tout dépendait aussi de la réélection de Jacques Chirac. Lorsque j'avais vu le président si brillant, convaincant, maîtrisant totalement son sujet devant la presse mexicaine, je m'étais dit : « Il est vraiment dans la dynamique de la victoire. Il va remporter la mise. » À Monterrey, je lui avais bâti un programme allégé, compte tenu des fatigues du voyage et de la campagne électorale. Bernadette, elle, était moins confiante. Je me souviens d'une messe d'obsèques célébrée à Notre-Dame où elle avait confié au cardinal Lustiger, ou était-ce au chapelain :

– Priez pour nous ! Nous en avons bien besoin.

En fait, tout donnait alors Lionel Jospin gagnant. Qui pouvait se douter que le 21 avril, Jean-Marie Le Pen serait au second tour ? Jacques Chirac, lui, restait serein. Après la conférence de presse, à Monterrey, il avait lancé à la cantonade :

– Ah, maintenant, je prendrais bien une margarita au bar de l'hôtel !

Catherine Colonna, son porte-parole, n'était pas de cet avis. Elle avait aussitôt entraîné hors de l'hôtel un Jacques Chirac bougon qui regrettait qu'on ne lui accordât pas ce petit moment de détente. Son officier de sécurité, auquel la scène n'avait pas échappé, lui avait alors soufflé :

– Monsieur le président, il y aura de la margarita dans l'avion.

Entre les deux présidents, les relations sont encore bonnes. « Bush est un homme avec qui nous pourrons travailler », avait dit Jacques Chirac après leur première rencontre. Mais, en 2002, lors de cette visite commémorative, on sent que les États-Unis sont décidés à monter une opération contre l'Irak : depuis les attentats du 11 Septembre, l'opinion publique réclame un coupable. De son côté, le président français juge déjà qu'attaquer l'Irak par mesure de rétorsion et transformer Saddam Hussein en bouc émissaire n'est pas la bonne solution. D'autant que la plupart des auteurs des opérations terroristes ayant visé New York et Washington sont d'origine saoudienne…

*
**

En Normandie, la visite se poursuit au cimetière américain de Colleville-sur-Mer, alias « Omaha Beach ». Tout a été prévu pour que les images du

Président devant ces impressionnants alignements de croix blanches soient diffusées dans les journaux télévisés du matin sur la côte Est. George Bush doit traverser le cimetière, se recueillir devant quelques tombes symboliques, comme celle du fils aîné du président Théodore Roosevelt, mort sur le front normand le 11 juillet 1944, puis prononcer un discours. Là encore, les Américains ont refusé que nous aménagions un auvent en plastique transparent pour le protéger de la pluie ou du vent. Aucun obstacle visuel ne doit venir perturber l'image du Président devant cette forêt glacée de croix blanches.

Je m'aperçois maintenant que personne, dans l'escorte américaine, n'a prévu de parapluie. Je regarde un instant le mien : un beau parapluie italien, de la maison Zegna, bleu pétrole, souligné de marron. Lorsque je le tends à George Bush, il l'accepte bien volontiers. Dépôt de gerbes, sonnerie aux morts, hymnes nationaux. La fin de la visite approche. Les Américains doivent repartir en hélicoptère pour Caen puis gagner Paris avant de s'envoler, à bord d'Air Force One, pour l'Italie. Au moment des au revoir, face à George Bush qui, mon parapluie toujours à la main, s'apprête à embarquer, j'ai un instant d'hésitation puis je me lance :

« *Mister President, my umbrella ?*

– *Oh, yes, sorry. Thank you very much. It was very useful.* »

La visite est terminée. Il est autour de 15 h 30. Personne n'a déjeuné, tout le monde est épuisé et a hâte de se retrouver dans l'avion présidentiel pour prendre une « collation ». Le moment où l'on commence à souffler, à se détendre… Il est encore un peu tôt pour dresser un bilan de cette visite qui, dans l'ensemble, s'est bien passée, au moins sur le plan protocolaire. Généralement, je ne sais à quoi m'en tenir que dans les jours qui suivent : si le président me « fait la figure », c'est que cela ne s'est pas déroulé comme il le souhaitait.

L'attente sous la pluie sur la place de Sainte-Mère-Église restera néanmoins pour moi un mauvais souvenir. Le programme, les horaires sont l'obsession du Protocole. Lorsque j'ai pris mes fonctions, mon prédécesseur, Frédéric Grasset, qui est aussi un lointain cousin, ancien élève comme moi du lycée d'Oran, m'a prévenu :

– Jacques Chirac est toujours à l'heure, voire en avance.

En voyage, quand on le raccompagne à la porte de sa chambre d'hôtel ou de résidence, le président demande invariablement : « Demain, je devrai sortir à quelle heure ? » J'ai peu à peu pris l'habitude de tricher légèrement. Si le programme prévoit un départ à 8 h 50, je lui réponds « 9 heures ». De toute façon, il descend à 8 h 45-8 h 50.

Lorsqu'il est trop en avance, on lui propose un petit tour dans les boutiques qui agrémentent généralement les halls des grands hôtels. Il en profite pour choisir des cadeaux, un présent pour le fils d'Annie Lhéritier, son chef de cabinet, fidèle parmi les fidèles, Corrézienne montée auprès de lui à la Mairie de Paris et à Matignon, un autre pour Catherine Colonna, son porte-parole à l'Élysée. Quant à Joël Morin, son officier de sécurité, il se voit offrir des chemises à chaque assemblée générale de l'ONU à New York. Le problème, lors de ces séances de « shopping », est que les touristes reconnaissent le président, viennent le saluer, sollicitent un autographe ou une photo. Toujours en campagne, Jacques Chirac s'y prête avec délectation mais on risque alors de prendre du retard…

– 2 –

Un poste convoité

1997-2001

– Parce qu'il a été mal conseillé, mon mari a prononcé la dissolution. Nous avons perdu les législatives et, maintenant, nous en avons pour cinq ans de cohabitation. Vous voyez, monsieur l'ambassadeur ?

Dans la voiture qui, en ce début d'automne 1997, nous conduit de l'aéroport au centre de Budapest, Bernadette Chirac me parle d'un ton déterminé, combatif. Je découvre soudain une personnalité totalement différente de la femme plutôt effacée qui, une vingtaine d'années auparavant, perdue dans un long imperméable bleu ciel lui arrivant aux chevilles, suivait le futur président, alors Premier ministre, en visite à Moscou. Elle était presque émouvante par son côté « décalé », marchant lentement, toujours en arrière de la délégation. Ce voyage n'allait pas être facile pour elle. Les journalistes étaient nombreux. On ne voyait que son mari, charismatique, solaire, sûr de lui au point de paraître tranchant. J'avais été frappé de la façon dont il parlait au Premier ministre Kossyguine, n'hésitant pas à fustiger, à juste titre, les atteintes aux droits de l'homme en Union soviétique. J'étais alors deuxième secrétaire, chargé de la presse à l'ambassade de France à Moscou.

Désormais, c'est une femme de tête qui poursuit, la voix ferme :

« Donc, pour la prochaine élection présidentielle, nous aurons besoin de tout le monde et notamment de l'UDF, des centristes, de Raymond Barre. Comme vous le savez, je suis invitée ici par madame Barre. Je souhaite passer le plus de temps possible avec elle. Ne le prenez pas mal, monsieur l'ambassadeur, mais faites en sorte d'adapter notre programme.

– Très bien, Madame. Nous avons la soirée officielle d'ouverture de la saison d'opéra et, en fin de séjour, j'ai pensé vous inviter à dîner toutes les deux au restaurant. »

Bien que la Constitution ne prévoie aucun statut pour la « Première dame », Bernadette Chirac représente la France et a évidemment droit à un certain nombre d'égards. Je réfléchis un instant puis reprends :

« Il y a aussi le mariage de Georges de Habsbourg-Lorraine, le fils de l'archiduc Otto. Vous êtes bien sûr invitée. La messe sera suivie d'une réception au musée des Beaux-Arts, comme cela vous a sans doute déjà été indiqué à Paris.

– J'accepte avec grand plaisir, approuve Mme Chirac. Mais, s'il vous plaît, veillez à ce que madame Barre soit traitée comme moi. »

Je ne le sais pas encore mais mon avenir professionnel dépendra beaucoup de ces quelques jours que Bernadette Chirac passe au bord du Danube, invitée par Ève Barre, fidèle de la saison d'opéra. Heureusement, leur séjour va se dérouler sans encombre. Ève Barre est toujours raffinée. Adorée par son mari et ses fils, c'est une femme charmante, qui peut néanmoins se montrer capricieuse. Le couple Barre s'est rencontré à Tunis, dans les années 1950, alors que Raymond Barre y enseignait l'économie à l'université. Jeune femme d'origine hongroise, née Hegedüs – ce qui signifie « violon », Ève a des yeux magnifiques, une beauté extraordinaire, à la Marlène Dietrich. Lorsque son futur mari lui avait demandé si elle aimait la musique de Béla Bartók, elle lui avait répondu : « Oui, mais moins que je le devrais. » Cette repartie avait, me dit-elle, enchanté le futur Premier ministre.

Pour ce mariage à la cathédrale de Budapest, j'ai donc prié mes collaborateurs de s'assurer, auprès des autorités hongroises et de la famille Habsbourg, que l'épouse de Raymond Barre serait bien placée à côté de Bernadette Chirac. Mais lorsque nous arrivons à la cérémonie, je m'aperçois que le protocole hongrois n'a pu totalement respecter cette requête. Je me tourne vers Mme Chirac.

« Madame, il y a un léger changement. Vous êtes placée au premier rang, avec le Premier ministre, Gyula Horn, et son gouvernement. Madame Barre est, elle, au deuxième rang avec le corps diplomatique. J'espère que vous ne serez pas fâchée…

– Mais enfin, monsieur l'ambassadeur, c'est normal, répond-elle. Je suis la femme du président de la République française ! »

Elle éclate de rire, moi aussi.

Toute l'aristocratie européenne a été conviée aux festivités. Dans leur chevelure, les Espagnoles portent de larges peignes en écaille d'où tombent de splendides mantilles blanches qu'Ève Barre a plaisir à photographier.

Après avoir raccompagné mes deux invitées à l'aéroport pour leur vol de retour, je souffle un peu. Encore a-t-il fallu réussir à caser, en cabine, les innombrables bagages de l'épouse de Raymond Barre, qui ne se déplace jamais sans diverses tenues adaptées à tous les changements de la météo.

Je retrouve les préoccupations qui sont celles d'un ambassadeur de France à Budapest, alors en pleine effervescence post-communiste. La ville qui, à mon sens, a toujours été plus riante que Vienne, finalement plutôt austère, se transforme rapidement. L'économie est florissante, les grandes entreprises occidentales affluent. La France participe à la rénovation du marché couvert de Budapest. Élu l'année suivante, le Premier ministre Viktor Orbán, à la tête du parti conservateur après avoir été un très jeune opposant au régime communiste, mènera une politique libérale, sans les excès qu'il commettra plus tard. Son pays s'apprête à adhérer à l'OTAN et à l'Union européenne.

*
**

Dans les jours qui suivent la réception à Budapest, je reçois un coup de fil de Bernard Niquet, ancien responsable de la communication à la Mairie de Paris qui a rejoint l'Élysée depuis 1995 et s'occupe de l'équipe dédiée à Bernadette Chirac. Si aucun statut ne précise le rôle de celle que les médias aiment appeler la « Première dame », l'épouse du président a évidemment son mot à dire sur les questions protocolaires et l'organisation des réceptions à l'Élysée.

Au téléphone, Bernard Niquet me dit :

– Madame Chirac tient à vous remercier. Elle a beaucoup aimé la façon dont vous avez géré son séjour à Budapest. « Nous avons là un ambassadeur aussi discret qu'efficace ! », m'a-t-elle confié…

Me revient alors en mémoire un bref épisode qui s'est déroulé un ou deux ans plus tôt lors d'un voyage en Pologne, lorsque j'étais, au Quai d'Orsay, directeur de l'Europe continentale, zone qui comprend les pays n'appartenant pas à l'Union européenne. Bernadette Chirac, qui accompagnait son époux, m'avait alors dit :

– Monsieur le directeur, restez près de moi. Vous savez que je suis très bonne pour pousser les hommes en avant.

À bon entendeur…

Ève Barre invitera deux fois encore Bernadette Chirac à l'ouverture de la saison d'opéra. À l'une de ces soirées, la sublime soprano hongroise Éva Marton tient le rôle de Judith dans *Le Château de Barbe-Bleue* de Béla Bartók. Lorsque que je la présente à l'épouse du président, la cantatrice fait assaut d'amabilités : « Madame, vous êtes très élégante. Vous êtes beaucoup mieux qu'en photo ! » Alors habillée par Karl Lagerfeld, Bernadette Chirac – très chic, bien maquillée – apprécie le compliment et me glisse : « Elle est très sympathique, votre diva. » Et elle repart de Budapest, enchantée, avant d'y revenir en 2001.

Entre-temps, j'ai compris qu'en raison de la cohabitation, les cartes peuvent être rebattues au Quai d'Orsay. Droite contre gauche, chiraquiens contre jospinistes : chacun tente de pousser son avantage. À la tête du Quai dans le gouvernement Jospin, Hubert Védrine – que j'apprécie beaucoup par ailleurs – tient la maison. Les postes en vue font l'objet d'intenses tractations. C'est une ambiance un peu « Passe-moi la rhubarbe, je te passerai le séné ». Mes contacts à Paris me font comprendre que plusieurs candidats lorgnent sur l'ambassade de France en Hongrie. Le 14 juillet 2000, plusieurs personnalités venant de Paris sont invitées pour la Fête nationale à Budapest. Des collaborateurs me rapporteront que certaines parmi elles ont répandu ce bruit : « Poudade, c'est fini, il s'en va ! » Le secrétariat général du Quai est aux mains de Loïc Hennekinne auquel m'oppose un lointain contentieux. J'ai beau méditer le proverbe chinois qui dit, en substance : « Assieds-toi au bord du fleuve, tu finiras par voir passer le cadavre de ton ennemi », je sens que je suis sur un siège éjectable… Il faut que je trouve quelque chose qui me protège.

De passage à Paris, je décide donc d'agir. Je vais voir Jean-Marc de La Sablière, conseiller diplomatique de Jacques Chirac, que je connais bien. Alors que la conversation roule sur les ambassades possibles, je lui glisse : « Ou, pourquoi pas, le Protocole ? » Ce à quoi il répond que ce serait une bonne idée.

Ça y est. J'ai fait savoir que la direction du Protocole m'intéresse. Et je comprends vite, sans surprise, que je ne suis pas seul sur les rangs.

Je rends également visite à Frédéric Grasset, le titulaire du poste. Épuisé par trois ans de cohabitation qui lui ont donné du fil à retordre, il attend avec impatience d'être nommé ambassadeur au Maroc.

– Tu sais, me lâche-t-il, il y a beaucoup de candidats…

Nouvel entretien à ce sujet, cette fois avec Bernard Niquet qui me promet de parler de moi à Mme Chirac.

À la fin de l'été 2000, je suis, paraît-il, bien placé mais rien ne se concrétise… Les mois passent. Je sais que Bernard Niquet et Bernadette Chirac me poussent en avant. Mais j'apprends aussi que Hennekinne se répandrait en disant :

– On ne va quand même pas nommer Poudade pour faire plaisir à Bernadette !

La bagarre est sérieuse.

D'autres noms ont été avancés : Frédéric du Laurens, Philippe de Suremain ou Xavier Driencourt, ambassadeur de France en Algérie de 2003 à 2012, et aujourd'hui inspecteur général des postes diplomatiques. Dans la dernière ligne droite, d'ultimes manœuvres peuvent changer la donne…

*
**

Suis-je bien placé ? Si je n'ai jamais appartenu à un parti politique, je me sens plus proche de Chirac que de Mitterrand. En 1987, j'ai été nommé chef du personnel du Quai d'Orsay – ce qu'on appellerait aujourd'hui directeur des ressources humaines. Mais en 1988, François Mitterrand réélu, la cohabitation a pris fin et j'ai dû quitter mon poste. J'ai d'abord été envoyé à Vienne, comme représentant adjoint aux négociations de désarmement conventionnel, puis au Guatemala, comme ambassadeur, de 1991 à 1993. Pour être franc, je savais à peine situer le Guatemala sur une carte. Je pensais pouvoir me baigner le matin dans l'Atlantique, l'après-midi dans le Pacifique… C'était mal apprécier les distances et le relief tourmenté du pays.

Durant mon séjour dans ce pays, j'ai décidé d'accueillir Rigoberta Menchú à son retour d'exil. La Guatémaltèque recevra le prix Nobel de la paix en 1992, récompensée pour sa défense des droits des peuples autochtones, en particulier de ceux des Indiens d'Amérique. Plus tard, lors d'une rencontre avec Alain Juppé, Rigoberta Menchú, paraît-il, répéta plusieurs fois mon nom, « Señor Paul », dans la conversation. Quand elle fut partie, Juppé demanda :

– Qui est-ce, ce « señor Paul » qu'elle cite tout le temps ?

On lui répondit :

– Paul Poudade, l'ambassadeur au Guatemala.

Peut-être allait-il s'en souvenir quelque temps plus tard…

En 1993, revirement politique. La droite ayant remporté les législatives, Alain Juppé avait pris la tête du Quai, entouré d'une équipe solide. Dominique de Villepin était directeur de cabinet et Maurice Gourdault-Montagne directeur adjoint. Ils m'avaient fait rentrer du Guatemala pour me nommer directeur de l'Europe continentale au ministère. La zone géographique dont j'avais alors la responsabilité comprenait une trentaine de pays, tous hors de l'Union européenne : de la Suisse à la Russie, de l'Islande à la Turquie. Mon rôle de directeur consistait à coordonner, en liaison constante avec nos ambassadeurs, la politique étrangère de la France alors qu'une partie de cette zone connaissait de profonds bouleversements depuis le reflux de l'influence soviétique. Commencèrent pour moi quatre années intenses qui suivirent l'effondrement de l'URSS, la dislocation du Comecon et du Pacte de Varsovie et le retrait des troupes soviétiques qui, lorsqu'elles stationnaient en RDA, étaient « à deux étapes du Tour de France » de nos frontières, selon la célèbre formule du général de Gaulle.

Pendant cette période, compliquée à gérer car pleine d'incertitudes, trois guerres ont secoué ce qui était encore la Yougoslavie. La Turquie et sa « question kurde » étaient aussi dans mon escarcelle. La chape de plomb soviétique tombée, l'effervescence s'emparait de tous ces pays qui connaissaient l'expérience de la démocratie mais aussi la montée des nationalismes. Chaque semaine, lors de la réunion des directeurs que présidait le ministre Alain Juppé, le secrétaire général Bertrand Dufourcq donnait la parole à Jean-Marc de La Sablière, directeur du département Afrique, et à moi-même car à l'époque, c'était en Afrique et en Europe orientale que surgissaient les crises ouvertes qui se concentrent aujourd'hui au Moyen-Orient et perdurent sur le continent africain. Peu avant ma nomination comme ambassadeur en Hongrie en mars 1997, une sorte de gigantesque jacquerie avait ainsi éclaté en Albanie. Et, en France, la droite allait perdre les législatives après une dissolution ratée.

Épuisé, je fus donc très content de partir pour Budapest dont je connaissais bien… la gare. J'y avais dormi une nuit, par terre, sur des journaux, avec mon ex-femme. Ce devait être en 1965. Nous avions manqué notre correspondance pour Bucarest où nous nous rendions pour une bourse d'études d'été obtenue alors que nous étudiions à l'Institut des langues orientales. Je me souviens que l'atmosphère, à Budapest, était évidemment lourde, même si se développait une économie souterraine, faite d'échoppes et de petits restaurants dans les sous-sols des immeubles. Après l'écrasement de l'insurrection hongroise en 1956, l'homme fort de la Hongrie communiste, János Kádár, avait dit aux Soviétiques : « Je ne demanderai pas à sortir du Pacte de Varsovie mais il faudra un ballon d'oxygène pour l'économie. »

*
**

Pour l'heure, en octobre 2001, l'automne s'étire à Budapest. Une nouvelle saison d'opéra s'annonce. Cette fois-ci, le couple Barre vient accompagné de Bernadette Chirac mais aussi de Michel Barnier et de son épouse, de Jacques de Larosière, ancien gouverneur de la Banque de Francc, et de plusieurs personnalités lyonnaises.

À son arrivée, Bernadette Chirac me salue ainsi :

– Je suis contente de vous revoir. Et je comprends que nous allons nous revoir bientôt…

Je souris, elle poursuit :

« Ce serait bien que vous nous receviez demain à la résidence de France.

– Ce sera avec grand plaisir.

– Prévoyez un déjeuner léger. Nous nous serons couchés tard la veille après l'opéra. »

La représentation diplomatique française se situe à Pest, près de la place des Héros. La résidence se trouve, elle, sur les hauteurs de Buda. C'est une charmante villa, sans grande prétention, mais dont l'aspect général fait songer à la Toscane, avec ses murs ocre jaune et ses volets verts. Elle est surtout entourée d'un grand jardin.

– Vous ne pouvez quand même pas leur servir une tranche de jambon et une salade ! me fait plus tard observer Frédéric Da Silva, le chef cuisinier de l'ambassade.

Du foie gras mi-cuit – un délice –, un canard au four, dégraissé, accompagné de petits légumes, et un dessert aux oranges sont finalement au menu.

Le déjeuner se passe merveilleusement. On rit beaucoup. De bonne humeur, Bernadette Chirac peut être très drôle, avec un solide sens de la repartie et de l'autodérision. Je me décontracte. En partant, la femme du chef de l'État me félicite :

– Monsieur l'ambassadeur, votre maison est admirablement tenue.

En novembre, mon affectation comme chef du Protocole m'est notifiée. Je quitte Budapest au début du mois de décembre.

– 3 –

Chef du Protocole

2001-2004

– Je crois que ma femme vous apprécie beaucoup. Cela lui faisait plaisir que vous deveniez chef du Protocole.

Le président m'observe. Cela commence mal. En filigrane, il est en train de me dire que je n'étais pas son candidat… Je viens de prendre mes nouvelles fonctions au Quai d'Orsay. Frédéric Grasset, mon prédécesseur avec qui je suis en binôme pour un mois, m'a emmené à l'Élysée pour un entretien avec Jacques Chirac. J'ai commencé par assurer le chef de l'État de mon « entier dévouement », selon la formule consacrée. Mais il est vrai que j'aborde ces nouvelles responsabilités avec appréhension.

Je reprends mes esprits et réponds ce que je pense :

– Monsieur le président, je vais vous demander beaucoup d'indulgence. Si quelque chose ne vous convient pas dans mon travail, convoquez-moi dans votre bureau mais ne me faites pas de remarque désobligeante en public.

Mon interlocuteur hausse les bras, d'un geste large, l'air de dire : « Cet homme me prend pour quelqu'un de mal éduqué. » Puis, à haute voix, il me rassure :

– Vous réussirez bien dans cette fonction. Vous avez un physique qui vous porte à l'autorité !

Compliment ou mise en garde ?

Je n'ai jamais regretté d'avoir osé lui parler sincèrement. J'en ai encore eu la confirmation lorsque l'un de mes successeurs au Protocole eut à essuyer les foudres de Nicolas Sarkozy au beau milieu d'un voyage à Pékin devant certains membres de sa délégation, médusés : « Vous êtes un incapable. Ne remettez plus les pieds à l'Élysée ! » Sa faute – sans doute avait-il commis une erreur en élaborant le programme officiel – le conduisit à renoncer à sa fonction.

En rencontrant Jacques Chirac, j'avais en tête les conseils prodigués par André Gadaud, chef du Protocole sous François Mitterrand.

– Dis-toi que tu ne pourras jamais échapper à une bourde même si tu crois avoir pris toutes les précautions. Le mieux est d'en endosser la responsabilité sans jamais la faire porter par un collaborateur. Et une seule réponse en cas d'erreur : « Monsieur le président, comptez sur moi, cela ne se reproduira plus. »

Peu à peu, je découvre que Jacques Chirac a changé. Bien sûr, il reste toujours charismatique, suscitant une empathie qu'on ne peut imaginer. Mais il est devenu plus pondéré. Parfois, un voile de tristesse passe sur son visage. Chacun sait que la fragilité de Laurence, sa fille aînée, le préoccupe beaucoup, comme tous les autres membres de cette famille. Avec les années, il a pris du recul et de la hauteur sur tous les sujets et reste passionné par les origines de l'homme. Un domaine dans lequel il ne cesse d'approfondir ses connaissances : dès qu'il trouve un moment, il relit les fiches qu'il emporte toujours dans son cartable. Il est resté très lié à Yves Coppens, le découvreur de « Lucy », et à Jean Malaurie, qui a participé à la fondation de l'Académie polaire d'État à Saint-Pétersbourg en 1994. Il s'emploie d'ailleurs à convaincre Poutine d'installer cet institut dans un bâtiment magnifiquement restauré. Un jour, en Russie, il a même soupiré : « Ah, si l'on pouvait voir l'Allée des baleines ! » Hélas, pour rejoindre le site parsemé de squelettes de cétacés qui balise le détroit de Béring – sans doute un ancien lieu de culte pour les populations inuites –, j'avais calculé qu'il faudrait trois jours. Nous ne pouvions que renoncer.

*
**

Me voici donc au Quai d'Orsay, dans l'un des beaux palais de la République. En effet, le siège du Protocole, toujours rattaché à la fonction diplomatique, est au ministère des Affaires étrangères, bien que la fonction impose des allées et venues constantes à l'Élysée où je me rends environ deux fois par jour. Rive gauche, je dispose d'un bureau d'angle au premier étage du bâtiment qui borde la Seine. Juste au-dessus se trouve celui du ministre chargé des Affaires européennes et, au troisième, celui du secrétaire général. J'ai à ma disposition les services nécessaires au bon fonctionnement du Protocole, qui est composé d'une centaine d'agents. Mon adjoint, Jean-Pierre Asvazadourian, qui me supplée en toute occasion, gère le service au quotidien et, de surcroît, est plus particulièrement chargé du Premier ministre. C'est lui qui, à juste titre, me succédera à mon départ. Quant à ma secrétaire, Danièle, qui porte le même nom que moi, elle est la mémoire du service. Devenue irremplaçable, elle verra défiler sept chefs du Protocole !

Au fil des premières semaines, je vais découvrir « la Cour de l'Élysée », un monde peu éloigné des descriptions que Saint-Simon fit de Versailles dans ses *Mémoires*. Qu'est-ce qui avait tant agacé les ducs et autres pairs de France au XVIIe siècle ? Que le roi s'appuyât davantage sur les bourgeois que sur eux pour gérer les affaires du royaume. Mais aussi que les gens qui s'occupaient de sa vie quotidienne, de ses journées à Versailles, de ses déplacements dans ses autres châteaux ou… de ses affaires de famille comptassent autant pour lui. Outre ces jalousies et ces susceptibilités, les membres de ces hautes sphères ont parfois tendance à vouloir vivre dans un monde à part. Encore aujourd'hui, nombre de ministres ou d'hommes d'affaires influents estiment que les règles sont faites pour être aménagées. Comme lors de ces entretiens entre Jacques Chirac et Tony Blair au Touquet, lorsque des membres du gouvernement vont mal cacher leur agacement d'être véhiculés en autobus au lieu de disposer de leur propre voiture et de leur chauffeur.

Enfin, quand le président de la République vous dit : « Faites en sorte que telle personne soit placée à côté de moi », cela signifie en clair que les règles protocolaires et les préséances doivent être adaptées. Lors d'un voyage en Jordanie, par exemple, Jacques Chirac tenait à présenter sa fille Claude au roi Abdallah dès son arrivée. À la descente de l'avion, elle était donc montée dans l'auto du Protocole, en début de cortège, afin d'être tout près de la voiture présidentielle et de pouvoir être au côté de son père pour saluer le souverain.

Dès mes premiers pas à l'Élysée, je vais voir Bernadette Chirac. Elle me reçoit dans son bureau tandis que son petit chien blanc, « Sumo », lui fait des misères.

« Madame, je tiens à vous remercier vivement. Je vous dois beaucoup, je crois ? dis-je en matière de préambule.

– Disons que vous me devez un peu. »

Et elle me dévoile comment les choses se sont passées.

– Il y a quelques mois, le président m'a dit : « J'ai choisi mon chef du Protocole. » Ce n'était pas vous. J'ai décidé d'attendre le lendemain pour lui en reparler et revenir à la charge en insistant : « Jacques, il serait bon que ce soit Paul Poudade. Nous lui devons quelque chose. Il m'a si bien accueillie lors de mes séjours à Budapest. »

*
**

Chez Bernadette Chirac à cette époque, on a l'impression que l'âge et la position coïncident. Elle est relativement sereine, à l'aise, à sa place, parfaitement conseillée par Bernard Niquet. Son livre, *Conversation*, a été un immense succès de librairie. À l'Élysée, elle a naturellement son mot à dire sur l'organisation des réceptions et prend ces questions très à cœur. Cependant, elle remarque souvent que la « machine » élyséenne est si bien huilée que son rôle est réduit par rapport à ce qu'il était à la Mairie de Paris. Aussi suit-elle de près la Fondation des Hôpitaux de France-Hôpitaux de Paris et ses dossiers corréziens de conseillère générale.

Le président et elle se voient souvent et se parlent beaucoup. Si Bernadette Chirac ne participe à aucune réunion, elle croise fréquemment les conseillers de son mari et échange avec eux lors des cocktails ou dîners donnés à l'Élysée. Sans empiéter sur la fonction présidentielle, elle est au courant de tout et son avis compte. Ainsi, le chef de l'État la consultera-t-il sans doute avant de déclarer sa candidature en 2002. L'idée d'annoncer sa volonté de se représenter lors d'une visite en province est-elle née de ces échanges ? Le fait est que Bernadette Chirac apprécie beaucoup Marie-Josée Roig, maire d'Avignon, et que, le 11 février 2002, le président lancera sa campagne dans l'ancienne cité des papes…

Bernadette Chirac n'a jamais aimé se coucher tôt. Alors, de temps en temps, elle va elle-même, tard le soir, incognito, poster ses lettres à la grande poste du Louvre ou bien acheter des disques chez Virgin, sur les Champs-Élysées. Elle m'a raconté qu'une fois, elle avait été reconnue par deux gosses de banlieue qui se poussaient du coude en disant : « Regarde, regarde ! C'est la meuf à Chirac ! » C'était dit gentiment : elle n'a jamais été prise à partie et, encore moins, agressée.

Sous des dehors parfois abrupts, elle peut se montrer très attentionnée. Quand elle s'aperçut que le gendarme de faction à la Grille du Coq passait ses nuits sur une chaise, elle s'employa à obtenir qu'on achète un fauteuil-lit pour le militaire.

Certains la décrivent autoritaire. Sans doute peut-elle avoir la dent dure, tout autant qu'un jugement acéré. Mais, après tout, il faut bien qu'elle se défende et s'impose dans une fonction – celle d'épouse du président de la République – que la Constitution ne prévoit pas. Alors, sans doute aussi lui arrive-t-il de faire sa « mauvaise tête » lorsque son mari mène la délégation au pas de course, à grandes enjambées.

– Monsieur le président, je pense qu'il nous faudrait ralentir un peu. Nous sommes en train de perdre Madame Chirac, lui fais-je parfois remarquer.

– Ah, Bernadette ! Une vraie tortue ! répond-il, impatient.

Je n'ai pas besoin de tourner la tête pour savoir qu'en fin de cortège, Bernadette Chirac, ayant deviné notre échange, ralentit encore le pas…

Mais surtout, avec elle, nous rions beaucoup. Du moment qu'elle est en confiance, l'humour est permis.

Elle n'a pas son pareil pour cueillir quelqu'un à froid. Souvent, je m'y laisse prendre, lui demandant presque machinalement :

« Est-ce que tout va bien, Madame ?

– Mais enfin, vous ne le voyez pas ? Rien ne va ! Rien ! »

Vous vous décomposez, elle éclate de rire.

Une autre fois, je ne sais pourquoi, sans doute dans un bon jour, elle me lance :

« Vous savez que je suis apparentée à toute l'aristocratie européenne !

– C'est vraisemblable, en effet. »

Quelque temps plus tard, elle suggère autre chose.

– Monsieur l'ambassadeur, dit-elle en traînant sur la dernière syllabe, il n'est pas impossible que je sois apparentée à bon nombre de familles juives en France.

Puis devant mon air dubitatif, elle ajoute :

– Écoutez, le nom de Chodron ou Chaudron[1] doit venir du fait que mes ancêtres exerçaient la profession de joailliers au XVIe siècle. Or, vous le savez, beaucoup de bijoutiers étaient juifs.

– Pourquoi pas ? hasardé-je.

Elle rit déjà.

Un matin, de passage en France alors que j'ai quitté le Protocole pour devenir ambassadeur en Turquie, j'ai rendez-vous avec elle et je la trouve de mauvaise humeur.

– Vous êtes au courant, pour hier ? me jette-t-elle, l'œil noir.

Je sais qu'elle s'est rendue la veille au mariage de la fille du président du Medef, Ernest-Antoine Seillière, dans la propriété familiale d'Ognon, dans l'Oise, où j'étais également invité.

« Oui, Madame, vous avez vainement attendu votre amie, madame Pinault, dans votre auto pour rentrer à Paris mais, en fait, elle était déjà repartie.

---

1. Bernadette Chirac est née Chodron de Courcel, famille originaire de Metz puis établie à Toul, qui appartenait à la haute bourgeoisie avant la Révolution française.

– Comment le savez-vous ?

– Madame, dans mes fonctions, j'ai eu l'habitude d'écouter et d'observer. »

J'avais appris par mon chauffeur, qui le tenait lui-même de ses collègues, que Maryvonne Pinault, l'épouse du propriétaire du Printemps et de La Redoute, avait écourté sa présence à la réception, fâchée d'être à la table des parents du marié et non du couple Seillière. Les Arnault, leurs « concurrents » de LVMH, étaient, eux, très bien placés... Bernadette Chirac, ignorant cette soudaine décision et ne voyant pas son amie arriver pour qu'elle la raccompagne, avait demandé à son conducteur de garer sa voiture à l'écart afin de ne pas être vue en train de patienter puis avait appris, après un coup de fil, que Maryvonne Pinault était déjà tranquillement chez elle.

Sur le moment, elle n'a guère goûté cette attente mais le fait de me raconter ses déboires fait passer son agacement. La fin de la soirée de la veille n'est déjà plus qu'un mauvais souvenir. Nous reste une image plus cocasse, celle du baron Seillière qui, pour s'adresser à ses invités, avait pris place dans une nacelle suspendue à un filin, à une dizaine de mètres de hauteur. Le micro en main, il surplombait ainsi l'assistance.

En une autre occasion, pour l'opération « Pièces jaunes » dans une grande ville, le préfet et le maire l'ont accueillie à la descente du train et lui ont proposé de se réchauffer en prenant un thé dans la salle d'attente des passagers de première classe.

– Mais vous n'y pensez pas, messieurs ! a-t-elle rétorqué. Ces enfants attendent depuis des heures, dans le froid, avec leurs pièces jaunes.

Il faut dire que, par temps rigoureux, elle prévoit toujours bottes fourrées et manteau chaud.

Mais l'un de mes plus beaux fous rires avec Bernadette Chirac a lieu à Saint-Pétersbourg. Parmi la délégation française reçue par Poutine pour le 300e anniversaire de la fondation de la ville, le couple Chirac a convié Hélène de Ludinghausen, descendante de la famille Stroganov. Pour accéder à la réception, donnée sur un bateau militaire, il faut passer sur les ponts de deux autres navires amarrés bord à bord. Je prie Bernadette Chirac et son amie de faire attention à ne pas trébucher et m'autorise cette remarque à Hélène de Ludinghausen :

– Vous portez les plus belles émeraudes que j'ai jamais vues.

– Elles m'ont été prêtées par le joaillier Repossi[1], me précise-t-elle.

– Ils vous font confiance. Voilà ce qu'il me faudrait comme cadeau pour ma future belle-fille, murmuré-je, pensif…

1. Maison italienne qui a une boutique place Vendôme à Paris.

– Ah oui ? intervient Bernadette Chirac. Et comment allez-vous faire ?

– Je vais les piquer à Hélène ! dis-je, étonné moi-même, à la fois par mon audace et mon ton sérieux.

– Mais, enfin, monsieur l'ambassadeur, vous n'y pensez pas ! reprend Bernadette Chirac.

Nous partons tous les trois dans un éclat de rire irrépressible, brusquement interrompu par l'arrivée de Vladimir Poutine. Le temps de se recomposer un visage moins hilare et Hélène de Ludinghausen, qui parle évidemment parfaitement russe, sert d'interprète entre notre hôte et son amie.

Je découvre ainsi, au fil des déplacements officiels, une Bernadette Chirac facétieuse et paradoxale. Mais, comme le disait Jean-Jacques Rousseau : « Je préfère être un homme de paradoxes qu'un homme à préjugés. » Chez le président comme chez ses proches, les préjugés n'ont pas leur place.

*
**

Les Chirac sont, certes, une famille mais se conçoivent aussi comme une entreprise. À trois, ils se répartissent les rôles. Jacques Chirac connaît le monde entier mais quitte rarement l'Élysée, en dehors des voyages officiels. « C'est un casanier ! », répète Villepin. Tout juste accepte-il de sortir de temps en temps, comme pour les œuvres de Mme Pompidou, l'anniversaire de leur grande amie Line Renaud, et parfois le samedi matin pour s'entretenir avec des spécialistes des arts asiatiques et africains. Sa femme, elle, cultive les milieux conservateurs, le monde des affaires, la bourgeoisie parisienne. Dans le même temps, ses fonctions politiques en Corrèze[1] lui assurent le contact avec la province et la France profonde. Ce qui lui a sans doute permis de pronostiquer la montée du Front national en 2002. Claude, conseillère en communication de son père, dont le rôle et l'influence se sont affirmés depuis la campagne victorieuse de 1995, se trouve, elle, à la lisière de la gauche, flirte avec les écologistes et a pour amis des intellectuels et des artistes.

Mais tous trois ont besoin de se parler constamment. Pendant la campagne de 2002, le président ne rentre pas d'un meeting en province sans passer embrasser sa femme. Celle-ci, quelquefois, ne se prive pas de l'accueillir d'un ton goguenard : « Je vous ai vu à la télévision. Vous auriez pu être meilleur ! »

Jacques Chirac est aussi un grand adepte du téléphone. Il m'appelle ainsi très souvent le samedi après-midi, moment de répit dont je profite parfois pour faire une promenade du côté de Saint-Germain-des-Prés. Il me demande des précisions sur un voyage prévu ou la venue d'un chef d'État.

1. Bernadette Chirac est conseillère générale de la Corrèze depuis le 25 mars 1979 et a toujours été réélue depuis.

Heureusement, j'ai pris l'habitude d'avoir sur moi le programme de l'année qui tient sur une feuille au format 21 x 29,7, pliée en accordéon dans la poche de ma veste. À tout moment, on peut ainsi m'interroger : je sais ce que fera le président dans un mois ou dans un an.

Et je garde à l'esprit mon objectif : lui donner le maximum de visibilité. Cela peut m'amener à écarter des personnalités qui portent un vêtement trop voyant, d'une couleur éclatante tranchant sur l'habituel bleu foncé-gris de la délégation, car je sais qu'il risque d'attirer l'œil et de reléguer Jacques Chirac un peu au second plan sur les images.

À ce titre, Laurent Wauquiez, ministre de Nicolas Sarkozy à l'éternelle parka rouge qui aimante les regards, a tout compris des règles de la communication, me dirai-je des années plus tard.

Il convient donc de veiller à ce que le président de la République soit au centre de l'attention. Je m'efforce de me tenir à distance. S'il a besoin de moi, il me fait signe. Autour de Jacques Chirac se déplace toujours un noyau constitué de collaborateurs qui interviennent selon les circonstances : son conseiller diplomatique l'entretient des développements dans telle zone géographique avant un rendez-vous avec le chef d'État d'un pays en crise ou bien Catherine Colonna, son porte-parole, lui donne les dernières informations avant une conférence de presse. Le chef de cabinet, Annie Lhéritier, n'est jamais loin lorsqu'il s'agit d'un déplacement en province. La sécurité est très présente, au plus près : Joël Morin, reconnaissable à son crâne dégarni et connu pour son efficacité, est son officier de sécurité en titre, parfois remplacé par l'un de ses adjoints, Jo Slocky ou Jean-Claude Pelier, dit « George Clooney ». C'est ainsi que ses collègues l'ont surnommé, n'hésitant pas un jour à répandre dans un hôtel de Bruxelles le bruit selon lequel l'acteur américain allait bientôt apparaître dans le hall… Plusieurs officiers alternent dans les fonctions d'aide de camp. Je me lierai surtout avec deux d'entre eux, les colonels Joël Rode et François Labuze, placés sous les ordres du chef d'état-major particulier. En charge de tout ce qui concerne les communications (téléphone, télécopie, Internet, etc.) et en liaison avec les « transmetteurs » de l'Élysée, ils suivent le président où qu'il soit, y compris pendant ses vacances, et ne se séparent pas de leur cartable. C'est grâce à eux que les moyens de transmission protégés vers les forces nucléaires – les célèbres « codes nucléaires » – peuvent être établis.

Enfin les interprètes de conférence, Amanda Galdsworthy pour l'anglais et Yolla Abou Haydar pour l'arabe, sont toujours à proximité. Elles empruntent assez souvent la voiture du Protocole ou celle de la Sécurité, elle aussi placée en avant, afin d'être opérationnelles – si nécessaire – dès l'arrivée du président.

Dès qu'il se déplace, seul ou accompagné, je précède le président pour qu'il sache où nous allons. Il faut comprendre qu'un président de la République française – c'est vrai aussi de ses homologues étrangers – est tellement habitué à être orienté et conduit qu'il est totalement perdu si vous ne lui montrez pas le chemin ou si vous ne devinez pas, à son regard, ce qu'il cherche.

Lors d'une assemblée générale de l'ONU, à New York, je vois ainsi Jacques Chirac jeter des coups d'œil à droite, à gauche.

– Monsieur le président, cherchez-vous le roi du Maroc ? demandé-je.

– Oui, l'avez-vous vu quelque part ? me répond-il.

– Je vais vous conduire auprès de lui.

Je traverse avec lui la grande salle de l'assemblée générale tout en pensant que Jacques Chirac est plus âgé que Mohammed VI et plus ancien que lui dans la fonction : la règle voudrait que ce soit ce dernier qui se déplace.

Quand j'arrive dans une conférence internationale, je prends soin de repérer où sont l'Allemagne, les États-Unis, le Maroc, le pays qui préside l'Union européenne ou n'importe quel pays susceptible d'intéresser le président en raison de l'actualité. Si je vois que les « diplos » ont préparé une fiche pour un entretien particulier, je m'arrange pour savoir où se trouve le chef d'État concerné.

Pour mes déplacements, je dispose d'une auto équipée d'un gyrophare et conduite par Jean-Pierre Freney, blessé lors d'une opération de maintien de la paix au Liban en 1983, dont l'efficacité et la disponibilité sont légendaires. Le trajet ne prend que quelques minutes entre le Quai d'Orsay et l'Élysée, faubourg Saint-Honoré, où je dois maintenant affronter les « dieux lares », comme je les appelle. Les gardiens du temple, les grands feudataires de la Chiraquie…

Quatre hommes qui connaissent leur Chirac comme leur poche. Fidèle parmi les fidèles, le secrétaire général de l'Élysée, Dominique de Villepin, qui, en mai 2002, après la réélection de Jacques Chirac, sera nommé ministre des Affaires étrangères. Grand, mince, audacieux sinon téméraire, il évoque les condottieri de la Renaissance. Il m'a toujours aidé et me laisse faire. Il demandera simplement qu'on veille à lui faire décerner toutes les décorations étrangères, bien que médailles et rubans encombrent déjà une pleine armoire de l'Élysée.

Maurice Ulrich, directeur de cabinet de plusieurs ministres des Affaires étrangères, que j'ai donc eu l'occasion d'apprécier, est très proche du président. Il me donne toujours des conseils fort utiles à propos de telle ou telle personnalité, ainsi du cardinal Lustiger lors d'un dîner en l'honneur du président israélien Moshe Katsav. « C'est une personnalité qu'il convient de mieux placer », me fait-il un jour gentiment remarquer. Lui et Jérôme Monod sont chargés de la cohérence de l'action présidentielle, de l'articulation entre politique intérieure et action internationale. Je les croise souvent.

Maurice Ulrich a pour habitude de faire confiance et, dès lors, de tout surveiller de très haut. En revanche, la francophonie est son domaine. Par ce biais, il a aussi l'œil sur les questions africaines. À ce sujet, je découvre que Jacques Chirac a sur la colonisation un regard ambivalent. Il ne considère pas les colonisateurs comme une bande de pillards venus se servir. Il ne dénigre pas les idées civilisatrices, chères à Jules Ferry, qui s'accompagnaient de constructions de routes, d'écoles et d'hôpitaux. Mais il sait également à quel point les peuples colonisés ont été humiliés et dévastés. Une anecdote me revient en mémoire, révélatrice de son état d'esprit. C'était en 2002, j'organisais alors son déplacement à la Conférence sur l'environnement de Johannesburg. L'affaire était compliquée car je ne savais pas qui, de Jacques Chirac ou Lionel Jospin, allait remporter la présidentielle. Je l'ai dit : je ne pouvais deviner que Jean-Marie Le Pen serait au second tour… Les Sud-Africains avaient exigé que toutes les délégations paient pour sept jours complets alors que la délégation française ne restait que deux nuits. Je suis allé m'en entretenir avec Daniel Revel, grand argentier de l'Élysée, pour lui soumettre le problème. Apprenant cette difficulté, Jacques Chirac m'a fait cette remarque :

– Vous savez, au cours de l'Histoire, nous avons pris beaucoup à l'Afrique. Alors, qu'on lui redonne un petit peu…

Avec Jérôme Monod, je peux parler d'un de mes livres préférés, *Méharées*, écrit par son cousin, le naturaliste Théodore Monod, qui évoque le désert, la confrontation de l'homme et de la nature, la vie qui grouille sous l'immense étendue de sable. Cet ami intime de Jacques Chirac occupe un bureau étonnant à l'extrémité de l'Élysée, le Salon d'argent, qui tire son nom du mobilier, argenté à la feuille d'or blanc. Napoléon y a dîné le dernier soir avant son exil pour l'île d'Elbe.

Tous les mercredis, de 10 heures à 11 heures, pendant le Conseil des ministres afin de ne pas être dérangé, le directeur de cabinet, Bernard Landrieu, ancien préfet de Corrèze, auquel succédera un autre préfet, Michel Blangy, tient dans son bureau la réunion de calendrier.

Sont présents le chef du secrétariat particulier, Marianne Legendre, puis, à partir de 2002, ma grande amie Marthe Steffann, l'un des membres de la cellule diplomatique, l'un des deux secrétaires généraux adjoints, le chef de cabinet, Claude Chirac – responsable de la « communication présidentielle » –, ou Agathe Sanson qui dirige le service de presse, le chef d'état-major particulier, le général Henri Bentégeat puis le général Jean-Louis Georgelin, vieille connaissance depuis les guerres en ex-Yougoslavie, ou l'un de ses adjoints, et moi-même. Je ne suis pas convié, en revanche, à la réunion de stratégie que le président organise souvent le lundi avec sa garde rapprochée. C'est là que sont entérinées les grandes orientations de la politique intérieure ou extérieure.

Au cours de la réunion de calendrier, Marthe Steffann déroule l'agenda prévisionnel, chacun intervenant alors pour caser une manifestation, un rendez-vous ou un déplacement. Dans le même temps, Jean-Pierre Asvazadourian participe au Quai d'Orsay à la réunion sur le calendrier gouvernemental dirigée par Pierre Vimont, directeur de cabinet du ministre.

Ainsi, lorsque nous nous retrouvons dans mon bureau, vers 11 h 30, mon adjoint et moi-même croisons nos informations, tant sur le calendrier présidentiel que gouvernemental, et sommes en mesure, avec ma secrétaire, de mettre à jour un agenda prévisionnel complet. Si, par exemple, un Conseil des ministres franco-allemand est fixé à telle date à Berlin, non seulement le président y sera mais il conviendra que le Premier ministre et les membres du gouvernement soient disponibles ce jour-là pour se rendre en Allemagne.

L'agenda privé est également tenu par le secrétariat particulier. Qu'il s'agisse de rendez-vous téléphoniques non officiels comme ces appels, très fréquents, à Rafic Hariri, le Premier ministre libanais et intime de Jacques Chirac jusqu'à son assassinat en 2005, ou ceux échangés avec le roi du Maroc et sa famille. Y sont aussi inscrites les rencontres avec les « visiteurs du soir » ou les escapades au musée Guimet pour s'entretenir de l'art japonais avec Jean-François Jarrige, son conservateur en chef. Le président ajoute parfois à l'intention de son assistante toute dévouée : « Ce n'est pas la peine de le dire à Claude ! » Cela fait partie du jeu de chat et de souris entre le père et la fille, Claude étant, d'une manière ou d'une autre, informée de l'agenda, fût-il privé.

Ce métier est passionnant. On ne sait jamais de quoi demain sera fait tant la situation internationale peut bouleverser l'agenda. Une large partie de l'intérêt tient aussi à ce que vous faites de votre poste. L'un des chefs du Protocole du président François Mitterrand m'avait dit un jour, badin : « Le seul privilège de ce métier, c'est que vous marchez devant le président de la République ! » J'ajoute que vous entendez tout ce qu'il dit à ses interlocuteurs… et que vous le gardez pour vous.

*
**

Au sein du Protocole, le service du cérémonial, dirigé par un sous-directeur, est chargé de l'accueil des personnalités étrangères – notamment des homologues du ministre des Affaires étrangères – y compris de celles qui ne sont qu'en transit. Il incombe alors à ce service de faire ouvrir le salon d'honneur de Roissy ou d'Orly pour que l'escale soit agréable. Parfois la personnalité souhaite simplement être au calme, loin du tumulte du hall de l'aéroport. Il arrive qu'un directeur du Quai en profite et se déplace pour avoir une conversation avec elle. Quelques situations ont pu être cocasses. Comme celle de ce haut fonctionnaire – c'était il y a longtemps, dans les années 1970 – dépêché à Roissy pour aller distraire l'empereur Bokassa et l'impératrice Catherine, en transit pour la Corée du Nord, en jouant aux cartes… Les Palestiniens, eux, ont une longue ardoise au salon d'honneur… Il peut aussi s'agir de stars du show-biz qui fuient les flashes des photographes. Les sources d'information sur ces arrivées de personnalités sont multiples : les ministères concernés, les ambassades, les chefs d'escale d'Air France, les grands hôtels.

Avec le service du cérémonial, nous devons juger de l'importance de la personnalité en visite. Les princesses thaïlandaises sont, on m'a prévenu, susceptibles comme des chattes. En général, l'ambassadeur vient au Protocole et dit : « Voilà, les princesses sont de passage. Ne penseriez-vous pas que… » Alors, vous prenez votre plume et vous adressez une note au président de la République en lui demandant s'il souhaite les inviter à déjeuner. La chemise, pliée en deux, passe au visa du conseiller diplomatique et du secrétaire général qui y apposent leurs paraphes. La note redescend et vous n'avez plus qu'à dire à l'ambassadeur de Thaïlande : « Le président sera ravi de recevoir les princesses à déjeuner. » Ou bien : « Je suis totalement désolé. Ce jour-là, l'agenda du président ne lui permet pas de recevoir les princesses. Le secrétaire général du Quai d'Orsay ou le directeur de l'Asie seront en revanche très heureux de les retenir à déjeuner… » Tout cela prend beaucoup de temps… Mais vous êtes obligé de ne rien négliger pour ne pas commettre d'impair. L'ambassadeur de Thaïlande, par exemple, n'agit évidemment pas tout seul. La direction de l'Asie au Quai d'Orsay peut lui avoir dit : « Allez trouver le chef du Protocole » car elle sait que Total veut obtenir un permis de recherche de pétrole dans son pays. Les considérations ne sont jamais strictement protocolaires…

En règle générale, vous vous débrouillez. Si le président de la République ou le Premier ministre ne sont pas libres pour recevoir quelqu'un de passage, vous demandez au président de l'Assemblée ou du Sénat s'il peut organiser un déjeuner. Si l'un et l'autre ne peuvent pas, vous effectuez une tentative auprès d'un ministre… Mais si, pour une raison politique, économique, culturelle ou militaire, vous savez qu'il faut bien traiter tel ou tel, il ne faut pas hésiter à sortir le grand jeu !

La sous-direction des privilèges et immunités diplomatiques et celle consacrée aux privilèges et immunités consulaires doivent, elles, résoudre les problèmes quotidiens d'environ deux cents ambassades, des quelque six cents consuls de carrière ou consuls honoraires[1] et des soixante-dix organisations internationales qui ont leur siège ou un bureau en France. À tous est fourni un « titre de séjour spécial », en lieu et place du titre de séjour préfectoral de droit commun. Une formalité, en apparence, mais qui peut vite se compliquer en raison des exigences des uns ou des autres. Mon prédécesseur eut ainsi à gérer les cartes délivrées à l'ambassade de l'Iran qui ne voulait pas que, sur ces documents d'identité, les épouses de certains personnels soient photographiées tête nue. La naissance de leurs cheveux et le haut de leur cou ne devaient pas être visibles. Il fut donc décidé de ne pas délivrer de cartes à ces personnes et d'apposer simplement un tampon sur leur passeport. Mais, lorsque ces épouses passaient par exemple la frontière franco-suisse, revenant de leurs emplettes à Genève, les policiers et les douaniers ne se privaient pas de les tracasser un peu et de trouver toujours matière à vérifier soigneusement leurs documents de voyage…

La gestion des plaques diplomatiques, qui font bénéficier leurs détenteurs de la mansuétude des forces de l'ordre pour les stationnements interdits et les petites infractions au Code de la route, n'est pas non plus une mince affaire. En la matière, le nec

1. Le consul honoraire peut être un ressortissant de l'État qu'il représente et résider en permanence dans une ville française. Il peut s'agir aussi d'un ressortissant français chargé par un pays étranger de représenter ses intérêts.

plus ultra est de rouler avec une plaque « CMD » pour « chef de mission diplomatique », autrement dit ambassadeur.

D'autres problèmes nous concernent. Un jour, l'ambassade de Turquie peut demander un renfort de la garde statique car une manifestation arménienne est annoncée au Trocadéro. Puis celle d'Israël car la compagnie El Al a reçu des menaces. On déshabille alors les Turcs pour habiller El Al et inversement. De multiples appels sont adressés au ministère de l'Intérieur ou au cabinet du préfet de police de Paris. On jongle avec les moyens disponibles.

J'ai aussi, au fil des mois, dû faire face à une importante affaire d'esclavage moderne. Un certain nombre d'ambassades, dont quelques-unes des pays du Moyen-Orient et d'Afrique, avaient retiré leurs documents d'identité et leur passeport à leur personnel domestique pendant toute la durée de leur séjour en France. Parmi ces « sans-papiers », nombre de jeunes femmes sous-payées, parfois maltraitées, et contraintes de travailler dix-huit heures par jour. Nous avons décidé de délivrer à ces employées une carte de séjour « personnel privé » et de leur fixer un rendez-vous annuel au cours duquel nous vérifions leurs conditions de vie et de travail. La traduction est assurée par un interprète du ministère des Affaires étrangères et non de l'ambassade concernée.

Enfin, le bureau des « distinctions honorifiques » est chargé d'instruire les propositions de nomination dans la Légion d'honneur et dans l'ordre national du

Mérite pour les ressortissants étrangers ou pour les Français résidant à l'étranger.

Chaque jour ou presque, une situation imprévue nous occupe. Il faut passer des appels téléphoniques tout l'après-midi à cause de la cheminée d'un immeuble qui s'est effondrée sur une ambassade. Et, en fin de journée, trouver le bon interlocuteur pour pouvoir accélérer la livraison à l'ambassade de Russie de son caviar bloqué en douane. À l'époque de la guerre froide et des relations délicates avec l'URSS, c'était la spécialité des douanes de retenir ainsi des kilos d'œufs d'esturgeon. Plusieurs de mes collaborateurs doivent s'atteler à ces tâches obscures mais il en va des bonnes relations que la France entretient avec les autres pays. Tact et discernement sont encore indispensables lorsqu'il faut, par exemple, convoquer l'ambassadeur d'Arabie Saoudite quand des joailliers de la place Vendôme contactent le Protocole parce que plusieurs de leurs factures restent en souffrance. Le diplomate ne se prive pas de répondre qu'avec tout ce que la famille royale saoudienne laisse comme argent en France, c'est faire quand même beaucoup d'histoires…

Parfois, des bijoux prêtés à une personnalité étrangère par un bijoutier à telle ou telle occasion ne sont pas restitués. La boutique nous appelle pour s'en plaindre tout en demandant la plus grande discrétion afin de ne pas perdre de bons clients. À nous d'obtenir que les bijoux soient rendus… S'il s'agit carrément d'un vol à l'étalage, c'est plus délicat. Nous pouvons alors faire venir le diplomate concerné et lui expliquer que, pour cette fois, nous fermons les yeux sur les agissements de son épouse mais qu'il doit faire en sorte que cela ne se reproduise plus. La presse peut être une bonne alliée, lorsque nos pressions diplomatiques ne suffisent pas, pour que les situations se règlent à l'amiable.

Par ailleurs, la règle française qui oblige les étrangers à acquitter la TVA avant de se la faire rembourser occasionne de nombreuses réclamations. À cet égard, l'interminable querelle des années 1980 entre les États-Unis qui restauraient l'hôtel de Talleyrand dans l'enceinte de leur ambassade et le fisc français qui exigeait que la TVA sur les travaux fût payée est restée dans les annales. Il fallut une intervention du président de la République de l'époque pour régler le litige.

La « liste diplomatique », qui contient les noms de tous les diplomates en poste en France et qui est destinée à tous les ministères concernés, doit constamment être remise à jour, en fonction des arrivées et des départs. Les partants ont une fâcheuse tendance, si vous ne les rappelez pas à l'ordre, à « oublier » de rendre leur carte. Il est vrai que j'ai toujours ma carte diplomatique de Moscou, qui date des années 1970… Sécurité oblige, accrue depuis le

11 Septembre : la liste ne peut pas être approximative. Les identités doivent être vérifiées, le plus discrètement possible. Il convient de s'assurer qu'un terroriste potentiel, venu sous une fausse identité, n'est pas hébergé par une ambassade.

Lorsqu'un incident se produit, je suis mis au courant et dois parfois avertir le secrétaire général de l'Élysée ou le directeur de cabinet du président de la République, voire le président lui-même. Ce fut le cas le jour où l'un des fils de Kadhafi sortit du tunnel du Mont-Blanc à 300 km/h au petit matin. Une autre fois, l'épouse de l'émir du Qatar arriva à l'aéroport du Bourget, qui est fréquemment utilisé pour les visites privées. Son avion transportait deux tableaux anodins, sans valeur, mais les douaniers, pris d'un excès de zèle, relevèrent qu'ils n'avaient pas fait l'objet d'une déclaration et lui infligèrent une amende de quelques centaines d'euros. Nous étions vraiment embarrassés : après la guerre contre l'Irak, le Qatar avait transféré à Paris nombre de ses implantations en Europe. L'affaire remonta jusqu'à Jacques Chirac qui fut fort mécontent. D'autant plus courroucé qu'un mois plus tard, l'émir devait venir signer un contrat pour l'achat de plusieurs dizaines d'Airbus. Tout le monde se confondit en excuses.

D'autres occupations mobilisent encore plusieurs agents du Protocole. Il ne faut pas oublier l'envoi de messages, de chef d'État à chef d'État, pour les fêtes nationales. Année après année, ces missives finissent par se ressembler mais nous faisons en sorte, avec les Directions géographiques du Quai d'Orsay, de les personnaliser un peu. Le télégramme transite par notre ambassadeur dans le pays concerné qui en informe oralement les autorités locales avant que l'original du message arrive par la valise diplomatique. Il est très difficile de trouver des formulations qui sortent des banalités habituelles et je ne suis pas sûr que tous ces télégrammes parviennent à leur destinataire… Mais cela fait partie des usages.

Chaque fois qu'est signé un accord international, c'est le Protocole qui s'occupe de l'organisation de la signature, qui fournit le papier fileté, le portefeuille – autrefois en cuir, aujourd'hui souvent en matière synthétique – dans lequel l'accord sera présenté, qui prévoit le ruban pour sceller les papiers une fois les signatures et paraphes apposés. Nicole de Lapeyrière règne, souveraine, sur ce domaine dit « des accords et traités ». Les ministres apprécient toujours de signer un accord. Dans ce cas, ils ont leur président derrière eux. C'est une image flatteuse…

– 4 –

Introducteur des ambassadeurs

2001-2004

Installé depuis peu en France, le nouvel ambassadeur du Costa Rica, une femme de très grande classe et d'un certain âge, vient de terminer son entretien avec le président de la République. M'apprêtant à la raccompagner vers la sortie, je lui demande :

– L'entretien s'est-il bien passé ?

Les yeux remplis d'admiration, elle me répond :

– *Qué hombre !*

Le président a dû lui faire son numéro de charme…

Elle est à l'Élysée pour la remise de ses lettres de créance, usage diplomatique en vigueur dans tous les pays. Lorsqu'un ambassadeur prend ses fonctions à Paris, la tradition veut qu'il soit accueilli, dès l'aéroport, par un agent du Protocole. Le lendemain, mon adjoint ou moi le rencontrons, recueillons les « copies figurées de ses lettres de créance » et le prévenons qu'il sera bientôt reçu à l'Élysée pour présenter ces documents. Il devra en général patienter quelques mois car la présidence de la République attend souvent que cinq ou six « nouveaux » soient arrivés avant d'organiser une cérémonie. Bien évidemment, tel n'est pas le cas lorsque les représentants des États-Unis ou de l'Allemagne sont nommés à Paris. Une cérémonie est alors mise sur pied assez rapidement et permet aux ambassadeurs qui attendaient leur tour d'en bénéficier. Quant à Claude Laverdure – très proche collaborateur du Premier ministre du Canada de 1993 à 2003, Jean Chrétien, lui-même grand ami de Jacques Chirac –, il présentera ses lettres de créance seul, dans le bureau du président, le lendemain de son atterrissage. Un record !

Donc, le jour J, après de nombreux échanges entre le Quai et l'Élysée pour arrêter une date, deux voitures officielles vont chercher l'ambassadeur, accompagné de sa femme et d'un ou deux collaborateurs. Je les accueille, délégation après délégation, dans la cour de l'Élysée au son de la musique de la Garde républicaine puis les mène au Salon des ambassadeurs où les attend le président. Au sol, en traversant le Salon des aides de camp, ils foulent le tapis du sacre de Napoléon, dont la laine est comme boursouflée par endroits. Car, comme me le fit un jour remarquer Bernadette Chirac, au gré des changements de régime, on a remplacé les abeilles par des fleurs de lys puis brodé à nouveau des abeilles pour Napoléon III.

Je conduis donc le diplomate jusqu'au centre du Salon des ambassadeurs et le place face au président avant de prononcer la formule rituelle :

– Monsieur le président de la République, permettez-moi de vous présenter Son Excellence, monsieur ou madame X…, ambassadeur extraordinaire et plénipotentiaire de… (le nom du pays).

Depuis les décrets Jospin sur la féminisation des noms de professions, nous sommes censés dire « ambassadrice » pour une femme. Je demande toujours leur choix aux intéressées. La plupart préfèrent le terme « ambassadeur ».

L'ambassadeur prend alors la parole.

– Monsieur le président, j'ai l'honneur de vous remettre les lettres qui m'accréditent auprès de vous ainsi que les lettres de rappel de mon prédécesseur.

Le président de la République prend les lettres de créance, qui sont parfois dans une simple enveloppe, parfois dans une jolie reliure en cuir, et lui serre la main. Le diplomate et ses accompagnateurs posent pour une photo avec le président. Après un deuxième cliché tous les deux seuls, l'ambassadeur et le président se retirent pour un entretien d'une quinzaine de minutes auquel assiste le ministre des Affaires étrangères ou le conseiller diplomatique. Certains ambassadeurs, pressés de saluer Jacques Chirac, se précipitent vers lui dès leur entrée dans le salon. Je les installe à leur place en leur demandant de me laisser le temps de les présenter puisque je suis officiellement « l'introducteur des ambassadeurs ».

Je préviens toujours le nouvel ambassadeur qu'il n'aura pas si souvent l'occasion d'un échange en tête à tête avec le chef de l'État. « Pas de long discours, allez droit au fait et n'hésitez pas à dire que votre président souhaite être invité à Paris ou que votre pays veut s'équiper en matériel français », ai-je coutume de conseiller. Jacques Chirac a, en effet, horreur des ronds de jambe, et des propos creux sur « les relations anciennes entre nos deux pays », etc.

L'entrevue terminée, le président fait un geste, l'huissier ouvre la porte et je récupère tout le monde avant de reconduire l'ambassadeur à sa voiture. À ce moment-là, le chauffeur visse le fanion de son pays sur l'auto. Et on fait entrer le suivant.

J'apprendrai plus tard que Nicolas Sarkozy, qu'on dit avoir moins de considération pour le monde diplomatique, recevait, lui, tous les nouveaux ambassadeurs en même temps, en bloc, dans la Salle du Conseil des ministres de l'Élysée. Disposés un peu « en rang d'oignons », expression qui, soit dit au passage, ne viendrait pas du légume mais du baron d'Ognon, maître de cérémonies sous Henri II et connu pour aligner les gens au cordeau. Il n'y avait pas, non plus, d'entretien particulier mais Nicolas Sarkozy pouvait apostropher l'un des participants en lui disant : « Ah, vous direz à votre président que… » ! Certains diplomates étaient un peu surpris. François Hollande a, lui, repris la façon de faire de Jacques Chirac avec une légère modification : les ambassadeurs n'attendent plus leur tour dans leur voiture stationnée le long de l'avenue de Marigny mais dans l'un des salons du palais.

Sous l'Ancien Régime, le cérémonial était assuré par le grand maître des cérémonies. L'introducteur des ambassadeurs, lui, allait accueillir les diplomates à leur entrée dans Paris, porte Saint-Denis. Le moment venu, il les conduisait à l'audience du roi. Pendant la Révolution, la fonction d'introducteur des ambassadeurs fut supprimée. Aussi, le nouveau représentant des États-Unis, Thomas Jefferson, tint, à juste titre, à expliquer à la Convention comment la remise des lettres de créance devait être organisée. Même les révolutionnaires avaient compris l'importance du protocole de la République et de ses préséances. Le Consulat recréa donc la fonction.

*
**

L'une des plus lourdes de mes attributions reste l'organisation des visites en France de chefs d'État ou de gouvernement étrangers et des déplacements que Jacques Chirac effectue en dehors de nos frontières. À ce titre, nous aurons chaque année deux à trois visites d'État – les plus protocolaires –, une vingtaine de visites officielles – le niveau en dessous –, de nombreuses simples visites de travail et un nombre variable de visites privées. Dans ce dernier cas, le Protocole se contente de veiller au bon déroulement du séjour de la personnalité dont la sécurité et le transport sont, parfaitement, pris en charge par le Service de protection des hautes personnalités.

Pour chaque déplacement à l'étranger, j'effectue au préalable au moins une « mission préparatoire », destinée à élaborer une par une les étapes de la visite, à chronométrer les parcours et à repérer et aplanir les éventuelles difficultés.

Les déplacements de Jacques Chirac sont souvent passionnants mais épuisants, effectués à bord du petit *jet* officiel dont l'avant a été remanié afin d'aménager une « chambre » pour le président et quatre couchettes. À l'arrière de l'appareil, les sièges ne s'inclinent pas… Certains collaborateurs préfèrent parfois s'allonger sur la moquette pour tenter de dormir. Ce qui vaudra quelques déboires à l'aide de camp, le colonel Joël Rode, au retour de la Conférence de Monterrey, au Mexique, sur le financement du développement. En ce mois de mars 2002, la présidentielle approche. Nous rentrons épuisés et appréhendons la fin de campagne qui s'annonce rude. Soudain, de mon siège, dans un demi-sommeil, je vois la silhouette du chef de l'État, les cheveux en bataille, s'inscrire dans le halo de la porte de sa cabine. Au même moment, l'aide de camp, qui s'est allongé et assoupi, se relève, trempé. Le réservoir d'eau de l'avion s'est malencontreusement vidé, inondant une partie de l'appareil. Tout le monde s'agite, étend des serviettes pour tenter d'endiguer la fuite. Puis, avant l'arrivée à Paris, chacun se brosse consciencieusement les dents et tente de défroisser ses cheveux avec… de l'eau Perrier.

Une fois élu, Nicolas Sarkozy fera spécialement aménager un avion, vite surnommé « Sarko One ». Il aura raison. Sous Chirac, nous voyageons dans des conditions trop inconfortables mais il n'y a, dit-il, « pas de raison de dépenser plus ».

Le Protocole ne dispose pas alors d'un budget propre. Toutes les questions financières sont réglées par le chef du service financier et du personnel de l'Élysée. Daniel Revel, trésorier-payeur général, occupe cette fonction. Je le vois donc régulièrement. Il ne s'agit évidemment pas de dépenser à bourse déliée. Je suis prié, selon ses termes, de « faire preuve de mesure » et de me demander, en toute occasion, si j'engagerais une telle dépense à titre personnel. Toutes les dépenses liées à des déplacements à l'étranger ou à des visites de personnalités en France sont prises en charge par le budget des Affaires étrangères qui, à l'occasion, peut demander une « rallonge » au ministère des Finances. Les règles seront revues en 2007 : Daniel Revel fera regrouper les crédits sur le budget de l'Élysée. Dorénavant, tous les voyages et déplacements seront effectués sur les fonds de l'Élysée. En revanche, les crédits liés aux voyages du Premier ministre et du ministre des Affaires étrangères continueront à relever du Quai d'Orsay.

Jacques Chirac, lui, n'est vraiment pas homme à multiplier les frais. L'Élysée aurait pourtant besoin d'une sérieuse rénovation et d'un généreux coup de peinture. Un été, les services généraux ont profité d'une courte absence du couple Chirac pour faire tout de même rafraîchir le plafond du bureau présidentiel. En revanche, le président refuse de faire aménager une piscine au fort de Brégançon, « luxe » qui ne serait pourtant pas inutile lors des chauds étés varois.

*
**

Les commémorations – 14 Juillet, 8 Mai, 11 Novembre – sont d'autres passages obligés. J'ai pour habitude de dire que je prends mes jours fériés place de l'Étoile. Pour le 14 Juillet, des discussions s'engagent tôt avec le ministère de la Défense afin de savoir qui mettre à l'honneur. Dans la tribune présidentielle, comme dans la « tribune Seine » ou la « tribune Rivoli », les places sont chères… Le défilé terminé, je dois me dépêcher pour rejoindre l'Élysée avant le président de la République et lui dire, sur le perron : « Monsieur le président, c'était une belle cérémonie. » Et il répond invariablement : « Oui, en effet. » Je ne sais pas à quoi correspond cet ancien et curieux usage d'accueillir le président dans sa propre maison. Je prends, du coup, bien soin de rester sur les graviers, au bas du perron, pour ne pas donner l'impression d'avoir pris la place du maître de maison ! L'étrangeté de cette tradition a conduit à sa suppression par le président Sarkozy à son arrivée à l'Élysée.

Pour le 11 Novembre et le 8 Mai, nous sommes à l'Arc de triomphe. Et la tradition veut que le chef du Protocole invite ses collaborateurs à boire un café dans une brasserie voisine. Ils le méritent bien.

Par ailleurs, je sais déjà que pour le soixantième anniversaire des débarquements en Normandie puis en Provence, en 2004, tous les chefs d'État concernés feront le déplacement… Il faudra aussi tenir compte des entretiens bilatéraux avec l'Allemagne, l'Espagne et la Grande-Bretagne. José María Aznar[1] sera reçu à Carcassonne, Tony Blair au Touquet. Pour ces rendez-vous en province, je peux compter sur une alliée de poids : Annie Lhéritier. Avec elle, les services préfectoraux ou municipaux marchent à la baguette !

Mais nous sommes encore au printemps 2002 et la cohabitation finissante complique parfois sérieusement le protocole. Ainsi, après la fusillade survenue en plein conseil municipal de Nanterre, une cérémonie civile d'hommage aux victimes est prévue. C'est un casse-tête protocolaire : Chirac comme Jospin veulent être « bien » placés mais c'est aussi le cas du parti communiste, majoritaire à Nanterre. Une grande tente est dressée devant la mairie. Je reçois des coups de fil tous azimuts : pour Robert Hue, alors président du PCF, pour Jean-Paul Huchon, président du conseil régional d'Île-de-France, toujours soucieux d'être bien traité… Quant à Lionel Jospin, il se plaint souvent qu'on lui réserve systématiquement la place où

1. Chef du gouvernement espagnol de 1996 à 2004, ancien président du Parti populaire (conservateur).

les caméras le filmeront de dos. Il faut donc tout improviser car, à l'inverse d'une cérémonie religieuse, que ce soit dans une église, une mosquée ou une synagogue, rien n'est codifié. Or, dès que l'on sort du cadre, tout devient plus complexe.

Les funérailles ou autres cérémonies de souvenir, qu'elles se déroulent à Notre-Dame ou aux Invalides, sont moins difficiles à organiser. Le 29 janvier 2002, un hommage à Léopold Sédar Senghor, décédé un mois plus tôt, a lieu à l'église Saint-Germain-des-Prés, paroisse de l'Académie française, dont l'écrivain sénégalais était membre.

La « panthéonisation » d'Alexandre Dumas en novembre 2002 pose, elle, un problème de sécurité. En effet, l'argent manque pour restaurer le temple de la République au point qu'un filet a été tendu sous la coupole en cas de chute de pierres. Il s'agit donc de déterminer pour le président un parcours et une place où il ne risque rien…

Quant au mois de janvier, c'est un marathon de vœux : les corps constitués, les « forces vives de la Nation », le corps diplomatique, la presse accréditée, les bureaux de l'Assemblée nationale et du Sénat, le conseil municipal de Paris défilent à l'Élysée. Tout cela est très rodé mais, lorsque vient le tour des autorités religieuses, vous devez savoir que le grand rabbin Joseph Sitruk ne se déplace plus qu'en fauteuil roulant et qu'il faut donc prévoir un plan incliné pour lui permettre d'accéder à la cérémonie des vœux.

Les rendez-vous réguliers, comme les conseils européens, les assemblées générales des Nations unies et toutes les réunions franco-allemandes, ne posent en général aucun problème. Avec les Allemands, nous nous voyons tous les mois à un titre ou à un autre et nous nous connaissons parfaitement. De temps à autre, nous essayons de « sortir » un peu de Paris et de l'Élysée où tout le monde commence à s'ennuyer et organisons la rencontre à Strasbourg ou à Nice. En Allemagne, les entretiens ont lieu à Berlin mais souvent aussi dans un Land, fédéralisme oblige. Si le chancelier Schröder a besoin d'un bain de foule, dans une circonscription difficile, Jacques Chirac se plie volontiers à l'exercice.

Lors de mon arrivée au Protocole, le ministre des Affaires étrangères, Hubert Védrine, m'a fait une recommandation qui m'a un peu intrigué : « Veillez aux vêtements. Faites en sorte que tout le monde soit toujours bien habillé. » Je l'ai néanmoins répercutée à mes collaborateurs. Et je me suis peu à peu aperçu qu'autant, au ministère de l'Intérieur comme à celui de la Défense, les personnels sont généralement habillés de manière sobre, autant ceux des Affaires étrangères peuvent adopter des tenues…

originales. Un de mes prédécesseurs a dû demander à une collaboratrice de rallonger ses jupes d'une dizaine de centimètres. Je n'ai, pour ma part, aucun problème avec les femmes, toujours élégantes, mais j'ai dû, une fois, dire à un agent qu'il gagnerait à porter une chemise d'un tissu classique, sans fantaisie.

Claude Chirac veille à la tenue de son père qui est toujours impeccable. Elle prépare les costumes et les chemises du président, les choisissant évidemment en fonction du pays et du climat. Claude m'a donné un jour un truc. Je lui avais dit que j'avais un problème car je ne savais que faire de mes lunettes qui, quand je les enlevais, gonflaient ma pochette. Elle m'a conseillé de faire coudre à l'intérieur de mes costumes, sur les poches intérieures, une poche plus longue pour y glisser mes verres.

– C'est au bas de la veste, cela ne l'empêche pas de bien tomber, a-t-elle précisé.

Elle avait raison.

S'il n'y a pas d'uniforme au Protocole, les hommes adoptent le costume sombre et la chemise, qui peut être bleue ou à rayures dans la journée, mais sera toujours blanche le soir. Pour les femmes – je l'ai dit à mes collaboratrices – le plus approprié et pratique reste le tailleur, veste et jupe ou veste et pantalon. Quant aux aides de camp et aux officiers de sécurité, ils m'ont donné un bon conseil : éviter les semelles de cuir et porter des chaussures antidérapantes. Enfin, copiant en cela le président, je ne porte que des mocassins afin de pouvoir à tout moment, par exemple lors d'un voyage dans un pays musulman, enlever ou enfiler mes chaussures d'un seul mouvement. Ce qui suppose de porter des chaussettes neuves à chaque voyage car rien n'est plus humiliant pour une personnalité que d'enlever ses chaussures avant d'entrer dans une mosquée et d'exhiber des chaussettes trouées !

*
**

Pendant ces premiers mois, je découvre aussi à quel point le palais de l'Élysée est exigu, en tout cas trop petit pour abriter à la fois les bureaux de la présidence, les salons de réception et les appartements privés. Seule la cour principale, qui permet d'accueillir dignement les visiteurs et de leur rendre les honneurs sans bloquer la rue du Faubourg-Saint-Honoré, est un atout.

À l'entrée du palais, vous avez le regard happé par la sculpture d'Arman « À la République », une magnifique accumulation de drapeaux en marbre blanc commandée par François Mitterrand. Dans ce hall, un Garde républicain est constamment en faction, entouré d'un huissier et d'un ou plusieurs garçons de vestibule qui descendent le perron pour ouvrir les portières de la voiture des arrivants. Sur la droite, une petite pièce, le Salon des tapisseries, n'a d'autre avantage que de disposer d'une fenêtre donnant sur la cour. Nous nous y postons souvent pour guetter les visiteurs de marque. Lorsqu'un chef d'État est attendu, le président, accompagné de son aide de camp, descend de son bureau, situé au premier étage, pour accueillir son hôte. Quand nous voyons que la grille d'entrée s'ouvre, j'accompagne le président qui va se placer en haut du perron. Je vais, pour ma part, me poster en bas des marches de manière que le visiteur, accueilli d'abord par le commandant militaire du palais avant de passer en revue la Garde républicaine, sache, d'un coup d'œil, qu'il doit me rejoindre et que je l'introduirai auprès du président. Pour ceux qui ne sont pas des habitués de l'Élysée, j'ai pris soin d'avertir leur chef du Protocole de la « marche à suivre ». Lorsqu'un visiteur s'avance, je lui fais donc signe de gravir le perron, en haut duquel l'attend Jacques Chirac qui lui serre la main… le regard dirigé vers les photographes ! Parfois, en geste de bienvenue, le président esquisse même quelques pas en direction de son hôte. Pendant ce court laps de temps, je dois me faufiler à l'intérieur afin de pouvoir ensuite guider le président et son invité.

Un jour, le chanteur Bono, dont la fondation humanitaire fait beaucoup pour l'Afrique, est reçu à l'Élysée. À la demande des photographes, il se met à faire un peu le pitre sur les marches. Rien de bien méchant.

Le reste du bâtiment, si beau et chargé en dorures soit-il, est très malcommode.

Au Salon des tapisseries succède, au rez-de-chaussée, le Salon Murat où se tient le Conseil des ministres. Une console qui porte de grands médaillons de porcelaine de Sèvres attire un jour l'œil de l'antiquaire Philippe Kraemer, invité à l'Élysée.

« L'État ne la vendrait-il pas ? plaisante ce spécialiste des XVIIe et XVIIIe siècles.

– Je ne crois pas ! Il paraît qu'elle vient du château de Saint-Cloud et aurait appartenu à la duchesse de Berry. »

Le Salon Murat se prolonge par le Salon Napoléon III, le Jardin d'hiver et la Salle des fêtes. Dans celle-ci, François Mitterrand a eu la bonne idée de faire percer dix grandes portes-fenêtres qui permettent à la pièce d'être baignée de lumière naturelle. La Salle des fêtes est vraiment le lieu du pouvoir et de l'apparat. C'est là qu'ont lieu l'investiture du président de la République, les remises de décorations, la conférence des ambassadeurs, les grands dîners, diverses conférences internationales et, même, l'Arbre de Noël. Sans oublier, bien sûr, les conférences de presse du président, qui scandent son mandat. Elle est la pièce principale du dispositif protocolaire même si, détail technique, les toilettes sont au sous-sol !

Dans le Salon Napoléon III ou dans le Jardin d'hiver, les agents d'entretien passent leur temps à déplacer des paravents qui servent à cacher une estrade provisoire ou des piles de chaises ! Quant aux meubles, ils mériteraient d'être plus souvent restaurés ou nettoyés mais le Mobilier national ne veut pas qu'on y touche. C'est aussi le cas pour les horloges et pendules dont certaines viennent du château de Versailles.

Le Salon des ambassadeurs, où sont remises les lettres de créance depuis Mac-Mahon, est, lui, un endroit clé pour le dispositif international. Il se trouve exactement sous le bureau du président. Le Salon Pompadour, du nom d'un buste de Mme de Pompadour, est suivi du Salon des portraits qui sert pour les petits déjeuners, déjeuners ou dîners restreints, de moins de huit personnes. Le Salon Cléopâtre, sorte d'antichambre, permet de revenir dans le vestibule par un petit couloir qui dessert les bureaux du service de presse, ceux aujourd'hui appelés « de la Première dame » et une partie des salons des appartements privés. Cette aile se termine par le Salon d'argent où Napoléon Ier signa son acte d'abdication le 22 juin 1815 et où Félix Faure mourut dans les bras de sa maîtresse en 1899.

Ces lieux, certes chargés d'histoire, sont peu pratiques. Le général de Gaulle avait songé à déménager au fort de Vincennes. On parla aussi un temps de l'École militaire mais elle serait, paraît-il, difficile à sécuriser. Les Invalides correspondraient parfaitement aux besoins et sont idéalement situés mais, peu à peu, aucune solution n'étant retenue, la présidence s'est étendue dans le quartier. À l'époque du président Pompidou, elle a racheté au baron de

Rothschild l'hôtel de Marigny pour le transformer en résidence des hôtes étrangers de la République, puis, au fil des ans, a acquis des immeubles rue de l'Élysée.

Un jour, je fais remarquer à Bernadette Chirac que la moquette est usée. Elle soupire, l'air de dire : « Le budget de l'État ne permet pas une telle dépense. » Je n'évoque même pas les mégots qui, à cette époque où l'on pouvait encore fumer à l'intérieur du palais, s'accumulaient sous les grilles du chauffage par le sol. Jacques Chirac n'y prête guère attention. Lorsqu'il sort de son bureau, au premier étage, il dévale les escaliers du palais mais prend toujours le temps de saluer tous ses collaborateurs, du conseiller spécial aux garçons de vestibule qui lui ouvrent la porte. Il a un mot gentil pour l'un, embrasse une collaboratrice qui passe par là, prend soin de mettre en avant le travail réussi d'un membre de son cabinet.

Après avoir pris possession de l'Élysée, Nicolas Sarkozy fit entreprendre des travaux de rénovation au cours d'un été. Il a eu pleinement raison. Une façon peut-être de se sentir davantage chez lui. Un jour, alors qu'il était encore ministre de l'Économie, il participait au déjeuner organisé à l'occasion d'une consultation franco-italienne. Chaque ministre présidait une table. Selon ce qui m'a été dit, à la fin du repas, l'intendant du palais s'approche de Bernadette Chirac et lui glisse à l'oreille :

– Monsieur Sarkozy vient d'offrir quatre couverts à dessert en vermeil au ministre italien en disant que c'était le ministère des Finances qui était le grand argentier de l'Élysée…

S'il est de tradition d'offrir un présent aux visiteurs étrangers, il eût été plus élégant que Bercy passât commande de couverts chez Christofle ou Puiforcat plutôt que de les prélever ainsi sur la dotation de la présidence de la République.

Au premier étage de l'Élysée, auquel on accède par l'unique escalier ou par l'ascenseur, se trouvent, outre le bureau du président, plusieurs pièces essentielles pour mon travail. Mais le regard n'échappe pas aux portraits, tous plus laids les uns que les autres, des présidents de la République décédés. Le Salon vert, occupé un temps par Jacques Attali et qui le sera aussi par Claude Guéant, sert de salle de réunion au président de la République. À droite s'ouvre le bureau du secrétaire général de l'Élysée, à gauche, celui du président – le Salon doré – où sont disposés, outre le bureau Louis XV choisi par le général de Gaulle, ses objets familiers dont une gravure de Dürer représentant un rhinocéros.

– 1515, c'est quoi pour vous ? demande souvent à ses visiteurs Jacques Chirac, déjà sûr de son effet.

Et à l'invariable réponse « La bataille de Marignan », il ajoute :

– Mais aussi la première fois qu'un rhinocéros touche le sol européen, à Lisbonne !

Le secrétariat particulier peut, au retour de déplacements à l'étranger, ressembler à un capharnaüm. S'y empilent tous les cadeaux en attente d'expédition au musée du Septennat à Saran ou ceux offerts au président à titre privé. Car nombreuses sont les personnes qui déposent à la loge de l'Élysée qui une caisse de vin ou de rhum, qui un bloc de foie gras ou un ballotin de chocolats, lesquels sont en général distribués aux secrétaires. Jacques Chirac a toujours des attentions pour l'équipe qui travaille autour de lui. Il n'hésite pas à régler personnellement une facture quand il sait une famille en difficulté ou à financer le soutien scolaire d'un enfant.

C'est au secrétariat particulier, où Christine Dalbinoé, Patricia Russotto et Marie-Claude Fabre officient auprès de Marthe Steffann, que j'apprends les dernières nouvelles : une visite officielle annulée ou un autre changement dans le programme. Le bureau d'angle qui suit est occupé par le directeur de cabinet. Ce bureau a été choisi par Valéry Giscard d'Estaing qui voulait se démarquer de Georges Pompidou et ne pas s'installer « dans les meubles » de son prédécesseur.

À l'Élysée, je me rends régulièrement dans le bureau du conseiller diplomatique et « sherpa[1] » au 2, rue de l'Élysée, qui fut pendant longtemps le siège de la « Maison de la pensée française », vitrine culturelle du Parti communiste avant le rachat de l'immeuble par l'État. Jean-Marc de La Sablière et Maurice Gourdault-Montagne occupent successivement ce poste ; je leur rends compte très régulièrement de l'état de préparation des visites et déplacements, notamment ceux qui sont sensibles, par exemple en Algérie ou en Chine. Lorsqu'une rencontre internationale est prévue sur le sol français, je travaille également en liaison étroite avec Annie Lhéritier, le chef de cabinet, qui met tout un chacun en ordre de bataille.

Son bureau jouxtant la « cellule protocole » de l'Élysée, je passe informer mes collaborateurs qui sont constamment au four et au moulin pour prévoir les accueils de personnalités, dresser les listes d'invités, préparer les plans de tables, etc. La cellule est dirigée par Philippe Casenave, dynamique, chaleureux et parfaitement à l'aise en anglais et en espagnol. À son départ pour le Pérou, il laissera la place à l'un de mes anciens collaborateurs à la direction de l'Europe continentale, Frédéric Billet, dont j'avais remarqué l'esprit d'initiative et les talents d'organi-

1. Titre donné aux représentants personnels des chefs d'État chargés de préparer les sommets annuels, tel le G8.

sation. Il fera merveille dans la fonction, pendant six ans, sous Jacques Chirac puis sous Nicolas Sarkozy.

Je crois profondément que l'on n'existe dans une fonction que par ses collaborateurs ; d'où le caractère fondamental du choix des personnes qui vous entourent. Sans le chef adjoint, Jean-Pierre Asvazadourian, sans Philippe Casenave et Frédéric Billet, et sans oublier Danielle Poudade, ma secrétaire, les tâches auraient certes été accomplies mais sans rigueur, précision, ni brio.

Et, de temps à autre, une brève visite ou un coup de fil à Valérie Terranova, conseillère auprès du président, permet d'avoir un éclairage original et désintéressé sur tel ou tel projet. De plus, elle sait renvoyer l'ascenseur et n'hésite pas à tresser des lauriers au Protocole après une visite réussie. Les compliments sont toujours bons à prendre.

*
**

Jean-Marc de La Sablière, le conseiller diplomatique, m'a fait observer que le métier diplomatique est un métier de l'écrit tant il est vrai que celui qui a rédigé, par exemple, un projet de résolution aux Nations unies, a des chances de voir son texte servir de base de travail aux différentes délégations. Je m'efforce donc de toujours rédiger une brève note au « PR » (pour « président de la République ») sur son programme à venir. Comme je dois m'assurer que tout le monde est bien d'accord, celle-ci transite par le « conseiller diplo » et le secrétaire général avant de redescendre, accompagnée de commentaires et parfois d'un simple « oui » ou d'un « merci ». Plus rarement d'un « Est-ce bien nécessaire ? », formule utilisée par le président pour dire que la proposition ne l'enthousiasme guère et doit être écartée.

– 5 –

Du miel, des larmes royales et… quelques sueurs froides

2002-2004

L'imprévu doit être… anticipé. Je m'aperçois vite que cette quadrature du cercle est l'une des missions du Protocole. Il s'agit sans doute de la partie la plus délicate de notre activité, celle où nous travaillons sans filet.

Car, il faut le reconnaître, beaucoup de notre quotidien est bien rodé : les sommets européens ou les conférences de l'ONU « roulent » tout seuls. Pour les rencontres franco-allemandes, si fréquentes, les gammes sont parfaitement maîtrisées. Il s'agit quasiment de pilotage automatique. Lorsque l'avion du chancelier Schröder se pose en France, nous avons à peine besoin de nous parler avec mon homologue Günter Knies, futur ambassadeur d'Allemagne au Liban et en Argentine. Nous nous voyons au moins une fois par mois et nous téléphonons très souvent.

Grâce à cette bonne entente, le 40e anniversaire du traité de l'Élysée, en janvier 2003, va être un succès. Pourtant, à cette occasion, il nous faut réunir tous les parlementaires français et allemands à Versailles. Et recevoir tous les anciens chanceliers, présidents et Premiers ministres pour une cérémonie commune. Nous comprenons vite qu'il n'est pas question de la prévoir à l'Élysée où Valéry Giscard d'Estaing s'est promis de ne jamais remettre les pieds pendant les deux mandats de son ancien Premier ministre. Notre choix d'un lieu s'arrête sur le Quai d'Orsay, plus « neutre ». Le président Giscard d'Estaing est heureux d'y retrouver Helmut Schmidt tandis que le chancelier Helmut Kohl est orphelin de François Mitterrand. Et, le lendemain, tout le monde doit se rendre à Berlin…

Le Protocole cherche toujours à avoir une longueur d'avance dans le programme. Une réunion du chef de l'État doit-elle durer une demi-heure ? J'en profite pour m'assurer que l'étape suivante est bien ficelée. Si besoin je corrige un détail. Il n'y a jamais de temps mort, peu de répit. Mais l'éventualité d'un couac ne doit pas être écartée…

*
**

Mon expérience au Protocole ne remonte qu'à quelques mois lorsqu'il convient de préparer le déplacement à Monterrey, au Mexique, pour une conférence de l'ONU sur le financement du développement. Nous sommes en mars 2002, la cohabitation dure depuis cinq ans et prendra fin, d'une manière ou d'une autre, après l'élection présidentielle dont le premier tour est fixé au 21 avril. L'équipe de campagne de Jacques Chirac, comme celle de son Premier ministre, Lionel Jospin, sait que ce sommet permettra à son champion d'avoir un entretien avec George Bush. Or, à l'époque, un cliché avec le président américain, auréolé du courage de son pays face aux attentats du 11 Septembre, est encore un atout pour un candidat à l'Élysée.

Jusqu'au dernier moment, on ignore si les deux adversaires vont vouloir s'y rendre ou si, au contraire, ils vont en être dissuadés car deux longues traversées de l'Atlantique risquent d'être épuisantes dans cette dernière ligne droite de la compétition électorale.

Je sais que l'équipe de Jacques Chirac, emmenée par son directeur de campagne, Antoine Rufenacht, maire du Havre, pèse le pour et le contre. Ne faut-il pas plutôt privilégier les sujets nationaux ? Un tel déplacement, du 21 au 23 mars, ne contraint-il pas à annuler ou reporter des meetings en province ? Finalement, l'entourage tranche : la perspective de la rencontre avec Bush l'emporte, le président doit préempter Monterrey et en éloigner Jospin. Ce n'est donc qu'une dizaine de jours avant l'événement que je peux partir en mission préparatoire.

Compte tenu du décalage horaire et de la durée des vols, il est prévu que Jacques Chirac ne reste pas plus d'une vingtaine d'heures sur place, créneau dans lequel doivent tenir son discours devant la conférence, ses entretiens avec cinq ou six chefs d'État, dont le président américain, une conférence de presse et un dîner officiel. Celui-ci a lieu, développement durable oblige, dans une sorte de cimetière industriel, où se succèdent des usines désaffectées. Le site est illuminé, le tout a finalement pas mal d'allure. Jacques Chirac sera placé à côté de Barbara Bush.

Au retour de ma mission préparatoire, je rédige ma note habituelle au président que j'accompagne de cette remarque : « Cette organisation doit permettre de remplir au maximum votre programme et de vous fatiguer le moins possible. » Elle me revient avec la mention « Merci ! ». Nous y étant pris très tard, nous avons réussi à réserver quelques chambres dans un hôtel pour la délégation mais nous ne sommes pas parvenus à décrocher des bureaux corrects. On nous a attribué des sortes d'Algeco… Je n'ai d'autre solution que de solliciter mon homologue algérien, que je retrouverai d'ailleurs un an plus tard pour notre visite d'État en Algérie. Entre chefs du Protocole, l'échange de bons procédés est heureusement fréquent.

Je lui explique mon problème.

– Tu comprends bien qu'on ne peut pas recevoir certaines personnalités dans des baraques de chantier, lui dis-je, embarrassé. Peux-tu nous prêter le bureau de « Boutef » pour ces rendez-vous ?

À mon grand soulagement, il a la gentillesse d'accepter car je n'osais imaginer la mine du président si j'avais été obligé de lui annoncer qu'il aurait à recevoir ses interlocuteurs dans un baraquement.

Ces questions d'intendance mises à part, le Protocole de l'ONU fonctionne à la perfection. Ses responsables sont extrêmement efficaces. On sent qu'ils ont l'habitude de travailler à New York !

À Monterrey, Chirac est accueilli comme une star. Les interprètes, les secrétaires et le personnel de l'ONU se pressent autour de la délégation pour prendre des photos.

Le hasard, aussi, va sauver la situation et faciliter notre bref séjour car, très tôt, nous croisons fortuitement l'amiral mexicain en charge de la conférence. Je fais les présentations.

– Monsieur le président, voici l'amiral X [*je bafouille un nom*] qui a organisé toute cette conférence. Il nous aide beaucoup…

J'aurai souvent l'occasion d'admirer la promptitude de Jacques Chirac à bien réagir face à ce genre de situation.

– Merci, amiral. Grâce à vous, tout se déroule au mieux, lance-t-il, tout sourire, proposant de « faire une petite photo », façon éprouvée de se mettre son interlocuteur dans la poche.

La magie opère. Nous obtenons bon nombre de dérogations et des lignes téléphoniques supplémentaires. Je respire enfin.

À un moment, alors que nous traversons le hall de la conférence, je reconnais, au milieu des délégations et des associations, Paul Mentré qui fut délégué général à l'Énergie lorsque Jacques Chirac était à Matignon. Je l'identifie d'autant mieux que j'ai eu son fils, Gilles, comme stagiaire de l'ENA à Budapest où il a fait merveille. Dans ces cas-là, vous n'arrêtez jamais le président et le retenez encore moins par la manche : vous vous contentez de l'orienter. Je lui dis :

– Monsieur le président, vous reconnaissez monsieur Mentré qui fut…

– Mais bien sûr ! répond-il. Cher ami, comme je suis content de vous voir ici ! ajoute-t-il en saluant son interlocuteur ravi.

Je ne sais s'il l'a vraiment reconnu mais il joue parfaitement le jeu.

Grâce à l'amiral mexicain et à mon homologue algérien, notre déplacement se déroule mieux qu'il ne s'annonçait. Entre délégations, un service accordé appelle à rendre la pareille. Chacun peut un jour avoir besoin de l'autre, tout le monde le sait.

*
**

En certaines occasions, mon rôle se résume à savoir « sentir » une situation. Ainsi, un jour, le chef de l'État termine une visite en Jordanie par une conférence de presse tardive à Amman avant de reprendre son avion. Je m'aperçois que le roi Abdallah, de façon très délicate, se tient en dehors, dans une pièce voisine. Le rendez-vous avec les journalistes terminé, j'en fais part au président qui, bien entendu, s'empresse d'aller le remercier pour sa discrétion et sa patience.

Une autre fois, le souverain jordanien est à Paris, logé à l'hôtel Bristol, rue du Faubourg-Saint-Honoré. Après le déjeuner, je dis à voix basse au président :

– Si vous en êtes d'accord, puisqu'il est à côté, je raccompagnerai le roi.

Mais il comprend : « Pouvez-vous raccompagner le roi ? » et répond : « Oui, oui. Bien sûr. »

Et au moment de quitter l'Élysée, tandis que la Garde républicaine joue une marche, voilà le président de la République qui marche avec le roi vers l'entrée alors qu'une telle sortie n'était pas du tout au programme. Les services de sécurité paniquent, courent dans la rue et arrêtent la circulation. Sur le faubourg Saint-Honoré, les commerçants, qui ont compris qu'il se passait quelque chose, sortent sur le pas de leur porte et applaudissent. Les deux chefs d'État rejoignent le Bristol à pied, heureusement sans encombre, dans un festival de bravos totalement inattendu !

*
**

En juillet 2002, le président réélu, nous nous retrouvons à Sotchi, sur les bords de la mer Noire, pour des entretiens bilatéraux avec Vladimir Poutine. À cette époque, Jacques Chirac dit souvent : « On humilie trop la Russie. Il faut, au contraire, parler avec les Russes. » Il reproche aux médias français une vision erronée du chef du Kremlin. Autant il n'appréciait pas Gorbatchev, autant il respecte Poutine qui, estime-t-il, a réussi la transition de son pays et l'a stabilisé.

Mais, du début à la fin du séjour, nous avons des problèmes avec le responsable de la sécurité russe alors que, à l'inverse, les agents du Protocole de Poutine essaient plutôt de nous aider. Pourtant… ils sont fauchés ! Sur le lieu de la conférence – la datcha de Poutine – je suppose que les chefs d'État et leurs proches collaborateurs ont quelque chose à manger mais pour nous, la logistique, il n'y a guère que quelques petits gâteaux. Je décide alors de faire rentrer le reste de la délégation à l'hôtel où je sais qu'un buffet est prévu. Les officiers de la sécurité et quelques membres de mon équipe y sont d'ailleurs déjà, en train de profiter de ce moment de répit dans la piscine de l'hôtel.

La journée durant, le Russe chargé de la sécurité nous en fait voir de toutes les couleurs. Il veut contrecarrer le moindre de mes faits et gestes, m'empêchant d'aller librement de l'hôtel au lieu de la conférence. Sans le savoir, il va me rendre service. Ne pouvant retourner dans la datcha présidentielle, je suis à l'hôtel quand, tout à coup, branle-bas de combat. Le Service de protection des hautes personnalités m'avertit : « Les présidents arrivent ! » Après leur dîner, Chirac a décidé d'inviter Poutine à venir prendre un verre à l'hôtel. Aussitôt, je préviens le bar et je peux les accueillir.

Mais là, le même chef de la sécurité revient à la charge.

– Les journalistes français au bar sont trop près et doivent partir !

Je lui réplique :

– Écoutez, ça va. Les présidents sont là, bien installés dans des fauteuils. Quant aux journalistes, je les connais tous. Aucun n'est armé !

Je lui fais aussi comprendre que cela commence à suffire et que, le jour où il viendra à Paris, je m'occuperai personnellement de lui… Je le répète même en russe au cas où il n'aurait pas saisi. Le fait est qu'il ne fera pas partie de la délégation lorsque, plus tard, les Russes séjourneront à Paris, se souvenant sans doute qu'il n'était pas persona grata.

*
**

Au retour de Sotchi, une escale va se révéler plus mouvementée que prévu. Les conseillers du président lui ont proposé de s'arrêter à Genève le 20 juillet pour saluer le cheikh Zayed. Âgé, malade, le très respecté président des Émirats arabes unis séjourne dans sa propriété d'Annemasse.

À Sotchi, deux avions sont donc affrétés pour le retour. L'un rentre directement à Paris, avec le gros de la délégation. Un groupe plus restreint monte à bord du second où prend place le président, destination Genève puis Annemasse par la route. Avant le départ, l'une de mes collaboratrices m'a demandé si j'avais besoin de quelque chose. Je lui ai répondu, malheureusement un peu à la légère : « Non, non. » C'est dans l'avion que j'ai un pressentiment. Je me tourne vers elle :

« Vous avez bien pris le cadeau pour le cheikh Zayed ?

– Non, me répond-elle, puisque vous m'avez dit que vous n'aviez besoin de rien. »

Catastrophe… Jacques Chirac n'aime pas du tout se présenter les mains vides. Heureusement, alors que nous sommes toujours en vol, l'aide de camp, le colonel Rode, me dit qu'il peut établir une communication et me propose d'essayer de joindre quelqu'un. Aussitôt, je fais appeler François Laumonier, consul général à Genève et le prie d'acheter un beau vase à la boutique Lalique avant notre arrivée. Avec lui qui fut chef de cabinet du Premier ministre Pierre Bérégovoy, je sais que les choses seront rondement menées.

– Nous te rembourserons dès que nous serons rentrés à l'Élysée.

À Genève, le consul général se tient au pied de la passerelle, salue le président de la République et remet l'objet à ma collaboratrice. Ce cadeau entre nos mains, nous sommes soulagés.

Nous arrivons dans la résidence d'été du cheikh, sur les bords du lac Léman. Comme dans les pays du Golfe, où l'eau, précieuse, est un symbole de luxe, des fontaines et des vasques apportent une touche orientale aux magnifiques jardins. Les fils de l'émir sont également là. Dans le salon, notre délégation est invitée à prendre place sur des canapés et des sièges disposés contre les murs, comme le veut la tradition orientale. On nous sert du café à la cardamome et une sorte de pâte de fruits présentée dans des assiettes.

Le président et le cheikh sont côte à côte. Jacques Chirac remet son cadeau tout en se félicitant à voix haute de l'état de santé de son hôte. Celui-ci le remercie pour le vase Lalique et rappelle à son interlocuteur qu'il aime beaucoup le miel du Golfe. Aussi, ajoute-t-il, « je voudrais vous offrir quelques bouteilles de ce miel que vous allez goûter ». Aussitôt, un serviteur apporte le miel et entreprend d'en verser sur l'assiette du président mais le fait malencontreusement couler sur ses mains.

Des mouchoirs en papier sont immédiatement sortis, qui ne font qu'aggraver la situation ! En effet, ils collent au miel et forment, au bout des doigts de l'invité de marque, comme des petites poupées blanches. Plus Jacques Chirac tente de s'en débarrasser, plus le papier devient poisseux. Placés trop à distance, réprimant mal notre envie de rire, nous n'osons pas intervenir mais l'officier de sécurité a, lui, l'idée de sortir les lingettes désinfectantes qu'il a l'habitude de proposer au président après un bain de foule où il a serré beaucoup de mains. Le liquide qui les imprègne permet enfin à Jacques Chirac de se sortir de cette situation.

Mais l'essentiel est ailleurs : le président a pu s'entretenir longuement avec un vieil ami de la France et signifier par là à tous ses fils, candidats à la succession, qu'il leur appartiendra de poursuivre la sage politique menée par cheikh Zayed, en particulier à l'égard de notre pays.

*
**

Pour le sommet de Johannesburg consacré au développement, les 2 et 3 septembre 2002, les conseillers de l'Élysée débordent d'idées. « Il va y avoir de nombreux stands d'ONG, avance l'un d'eux. Le président pourrait s'y arrêter et s'adresser à leurs responsables. Il participera aussi à un groupe de travail… » Nous pressentons que la formule qui ouvrira le discours de Jacques Chirac – « Notre maison brûle et nous regardons ailleurs » – va frapper les esprits. J'ai vu depuis sur Internet que nombreux sont ceux qui revendiquent la paternité de cette phrase. Le discours avait été écrit par Jean-Marc de La Sablière et par Jérôme Bonnafont, conseiller à la cellule diplomatique et spécialiste de l'environnement. Je l'ai lu comme j'en ai l'habitude, non seulement pour savoir ce qui serait dit mais aussi pour en évaluer la durée même si le minutage précis était effectué par l'équipe de Catherine Colonna. Plus tard, avant de quitter mon poste au Protocole, je remarquerai d'ailleurs que le président a tendance à ralentir son élocution. Je m'en ouvrirai à Claude Chirac qui me rétorquera, éclatant de rire :

– Paul, j'espère que vous ne racontez pas cela à l'extérieur !

*
**

Cependant, au fil de ma visite préparatoire en Afrique du Sud, je ne peux m'empêcher de trouver le programme présidentiel un peu court. Présider un groupe de travail, mouture ONU qui plus est, où chacun raconte sa vie… il est sans doute possible de muscler son agenda. Sinon, le deuxième jour, la presse n'aura rien à se mettre sous la dent. Notre ambassadeur à Pretoria et notre consul général à Johannesburg nous confirment qu'un contact a été pris avec Nelson Mandela et avec son successeur Thabo Mbeki. Cela sera évidemment un temps fort. Nicolas Hulot sera de la partie. Mais je pense également à Miriam Makeba qui vit à Johannesburg. La chanteuse sud-africaine, qui a été mariée au leader des Black Panthers, reste une figure du mouvement anti-apartheid. Dans cette lutte, nombre de femmes sud-africaines ont joué, elles aussi, un rôle déterminant. Autant le reconnaître. Pour avoir vécu, en exil, en Guinée-Conakry, Miriam Makeba parle le français et dispose d'un passeport de notre pays. Elle a d'ailleurs été faite citoyenne d'honneur française en 1990.

Je la rencontre lors d'une réception chez notre consul général et lui dis :

« Il faut d'abord que j'en parle au président mais si une entrevue pouvait avoir lieu, accepteriez-vous qu'il vous décore ?

– Bien sûr ! Comment cela se passe-t-il ?

– Il vous remet des insignes. Si c'est commandeur, il vous passera un ruban autour du cou. Si c'est "au-dessous", il vous épinglera une décoration. Puis il fera un petit discours…

– Très bien. Alors je lui répondrai.

– Vous ne pouvez pas parler après le président de la République… C'est contraire à tous les usages.

– Si je ne peux pas parler, puis-je chanter ?

– Ce serait très apprécié.

– Je viendrai donc avec ma famille et je le remercierai en chantant. »

Le jour dit, Miriam Makeba se voit remettre les insignes de commandeur de la Légion d'honneur. Très émue, elle s'approche du président pour la traditionnelle accolade et tente alors de s'agenouiller et de lui embrasser les mains. Aussitôt, Jacques Chirac la relève, l'empêchant d'aller au bout de sa révérence. Avec toute sa famille, elle se met à chanter des remerciements et entonne une sorte de florilège de ses chansons. Le mini-concert dure trois ou quatre minutes. Ces images feront la une de tous les médias français. Je suis content car lorsque j'avais évoqué le nom de Miriam Makeba et de sa célèbre chanson *Pata Pata*, les membres de la cellule diplomatique m'avaient jeté des regards effarés, se demandant si j'avais perdu l'esprit.

Avais-je pris un risque en suggérant cette rencontre avec Miriam Makeba ? En réalité, les personnalités se montrent très coopératives lorsqu'elles sont ainsi honorées par le président de la République. Si vous leur donnez un cadre et si vous leur dites : « Vous disposez de trois-quatre minutes, pas plus », elles respectent parfaitement les consignes.

*
**

Un incident a marqué, en revanche, l'un de mes 14 Juillet…

Parmi les invités au défilé, une dame élégante et déterminée réussit, on ne sait trop comment, à franchir les filtres pour se retrouver à l'intérieur de l'Élysée au moment où commence la garden-party. Elle croise Jacques Chirac qui vient de saluer la quasi-totalité des invités après les cérémonies sur les Champs-Élysées et aspire à quelques instants de calme après le bain de foule dans les jardins qui suit son intervention à la télévision. Pendant ce temps, Bernadette Chirac continue d'accueillir un à un tous les invités sur le perron de l'Élysée.

– Il faut absolument que je vous voie en tête à tête. J'ai des informations de la première importance à vous communiquer, lance-t-elle au chef de l'État.

– Madame, vous avez là le chef du Protocole. Il a mon entière confiance. Vous pouvez tout lui expliquer, lui répond calmement le président qui s'éclipse sur ces mots.

La dame est toujours très agitée. Nous ne savons pas vraiment quoi faire et ne souhaitons pas provoquer d'esclandre.

– Si vous voulez bien maintenant regagner les jardins, lui conseillé-je, joignant le geste à la parole.

– Ah, si vous m'obligez à sortir, je fais du scandale ! réplique-t-elle.

Entre-temps, le médecin personnel du président, le Dr Jack Dorol, nous a discrètement rejoints. Je réussis enfin à calmer l'intruse qui me remet des documents aussi abscons que pseudo-confidentiels tout en précisant qu'elle est membre d'une ONG inconnue…

Joël Morin, l'officier de sécurité, et moi avons reparlé plusieurs fois de cet épisode. Il m'a expliqué que l'expérience lui permet, à lui comme à ses collègues, de très vite « cibler » les gens. La visiteuse un peu toquée aurait-elle été dangereuse, elle ne serait pas restée une seconde de plus. La sécurité l'aurait évacuée séance tenante.

– Quelqu'un qui détient une arme ou qui est animé d'intentions violentes, cela se repère vite, m'a-t-il assuré. Ce que nous craignons davantage, ce sont les déséquilibrés qui passent à l'acte pour d'obscures raisons. C'est, par exemple, l'agresseur qui, lors d'un bain de foule, pourrait dissimuler une lame dans sa paume avant de serrer la main du président.

Le 14 juillet 2002, durant le défilé sur les Champs-Élysées, le militant néonazi Maxime Brunerie avait tiré sur le chef de l'État après avoir transporté une carabine 22 Long Rifle dans un étui à guitare…

*
**

Lors de notre passage en Malaisie, avant une tournée en Nouvelle-Calédonie puis en Polynésie en juillet 2003, un retard sur le programme a fait naître quelques inquiétudes. Je n'ai pas effectué de visite préparatoire mais j'ai demandé à l'ambassadeur de chronométrer les trajets entre l'aéroport de Kuala Lumpur et le palais présidentiel et d'y ajouter le temps prévu pour l'entretien. Tout cela a été très mal calculé car nos collègues ont oublié de prendre en considération les impondérables. Ainsi, Jacques Chirac prend le temps de saluer les personnalités présentes ; en repartant, il est abordé par des journalistes ou des gens qui viennent lui demander des photos et des autographes. Il convient donc de toujours ajouter un bon quart d'heure à chaque compte à rebours.

Claude Chirac me harcèle en me répétant :

– Attention, nous avons une nuit de vol avant d'atterrir à Nouméa où le programme, très chargé, débutera dès que nous aurons posé le pied sur le sol.

Nous nous arrangerons pour hâter le dîner. Le vol décollera presque à l'heure.

*
**

Après la Nouvelle-Calédonie, la délégation se rend à Tahiti pour une conférence France-Océanie. À son arrivée, les danseuses venues l'accueillir sont vêtues de jupes de raphia, paraît-il plus longues que d'ordinaire, sans qu'il soit obligatoire d'y voir un lien avec la présence de Bernadette Chirac…

Plus tard, Claude Chirac et Annie Lhéritier trouvent Gaston Flosse, président du gouvernement de la Polynésie française, en plein dans les préparatifs du dîner. Pour établir le placement des convives, il s'est fait confectionner un tableau et des étiquettes, du genre Velcro, sur lesquelles figurent les noms des invités.

– Donc, je prendrai place ici, au milieu. Le président sera à ma droite, son épouse à ma gauche, explique, satisfait, l'homme fort de l'archipel.

Claude Chirac et Annie Lhéritier sont éberluées et m'appellent en catastrophe :

– Paul, Flosse a imaginé un plan de table… particulier.

Je comprends qu'il n'y a pas trente-six solutions et je fonce sur les lieux. Là, j'explique aimablement à Gaston Flosse qu'il ne peut s'arroger le rôle principal.

– La République étant une et indivisible, le président sera placé au centre, vous à sa droite et Mme Chirac à votre droite.

Et je joins le geste à la parole, déplaçant en même temps les étiquettes sur le tableau. Le président Flosse s'incline de bonne grâce.

*
**

Le sommet Union européenne-Balkans, qui doit se tenir à Salonique le 21 juin 2003, ne se présente pas sous les meilleurs auspices. Pendant ma mission préparatoire, les Grecs font visiter les lieux. D'un geste large, la personne chargée de l'organisation du sommet montre la vue et annonce :

– Là se trouveront les bureaux des délégations française et belge.

Nous sommes à quinze jours de la conférence et nous nous trouvons en plein air, sur un rocher ! Pas le début d'une construction à l'horizon… Quant au logement, l'intendance semble aussi avoir du mal à suivre : le « *resort* » censé nous accueillir doit négocier pied à pied ses tarifs avec le gouvernement grec. La plomberie comme l'électricité sont en pleine rénovation…

À mon retour, j'adresse une note au président en lui disant : « Je n'ai pu voir ni vos chambres, ni les bureaux de la délégation. Il risque d'y avoir des incidents. »

Curieusement, il n'y en aura aucun. Deux semaines plus tard, les chambres sont prêtes, les bureaux aménagés, certes un peu de bric et de broc, mais convenables pour installer les secrétaires et le télétype. En revanche, le chef du gouvernement espagnol sera inondé en pleine nuit et la délégation italienne barbotera en permanence…

*
**

Il doit y avoir un bon Dieu pour les chefs du Protocole. Daniel Jouanneau, qui occupa cette fonction à la fin du septennat de François Mitterrand et au début de celui de Jacques Chirac, m'en a donné un jour la preuve.

Des entretiens franco-allemands avaient lieu à Beaune, en Côte-d'Or. Il s'était dit : « Pas la peine de faire une visite préparatoire. C'est Beaune. Je m'appuierai sur la sous-préfète. » Après les entretiens, Mitterrand et Kohl se dirigèrent à pied vers le lieu du déjeuner. La délégation marcha pendant une vingtaine de minutes à la suite du président et du chancelier qui parlaient avec la sous-préfète. Jusqu'à ce que Daniel Jouanneau se demande : « Mais, ne partons-nous pas dans la mauvaise direction ? » Au même moment, le groupe passa devant un bistrot et deux personnes se levèrent d'un bond : « *Herr Bundeskanzler ! Herr Bundeskanzler !* » Helmut Kohl s'arrêta évidemment pour saluer ses deux compatriotes et Daniel Jouanneau en profita pour dire à la sous-préfète : « Mais, nous n'allons pas vers le restaurant ? » « Non, non. C'est dans l'autre sens », lui répondit-elle, s'apercevant tout à coup de l'erreur. Profitant de la parenthèse avec les Allemands, Daniel Jouanneau fit discrètement rebrousser chemin à la délégation.

*
**

Le 24 mars 2004 ont lieu les funérailles des victimes des attentats de Madrid. Il s'agit quasiment de la première apparition publique de José Luis Zapatero, le chef du gouvernement socialiste qui, contre toute attente, vient de remporter les législatives. Ses homologues étrangers, qui se rendent à Madrid pour les cérémonies de deuil, lui ont donc demandé rendez-vous. Jacques Chirac est premier ou deuxième sur la liste, suivi de Colin Powell, le secrétaire d'État américain.

La messe n'est pas censée durer plus d'une heure mais, à la fin de l'office, la reine d'Espagne entraîne le roi et sa famille pour parcourir la nef et saluer chaque famille de victime, en pleurs. À chacune, elle présente ses condoléances et dit sa compassion, paroles de réconfort et larmes mêlées. La situation devient incontrôlable. En effet, il n'est pas question d'arrêter la reine qui, de plus, est tout à fait dans son rôle et dont la démarche est manifestement très appréciée. L'a-t-elle préméditée ou s'est-elle laissée gagner par l'émotion ? Peu importe, le résultat est là. Les autres personnalités sont désormais obligées d'attendre à leur place dans la cathédrale bien que le retard s'accumule. Près de trois quarts d'heure sur le programme officiel…

À un moment donné, un responsable de la délégation américaine vient m'expliquer que Colin Powell doit reprendre son avion et me demander s'il est possible d'intervertir son rendez-vous avec celui de Jacques Chirac. Je réponds sans hésiter :

– Cela est difficile car monsieur Chirac est président de la République. Il passe avant. Vous devrez donc patienter ou avoir un entretien plus bref.

Là, je ne lui rends pas service, je le sais, mais je ne veux pas courir le risque de retarder Jacques Chirac et d'entendre le président me reprocher : « Pourquoi ce changement de dernière minute ? Vous savez pourtant que je dois être à Paris à telle heure. » Et puis je suis français : le président de la République passe avant un secrétaire d'État américain, même Colin Powell pour lequel j'ai énormément de respect. Mon objectif reste le même : mettre en avant le président de la République et, par là même, notre pays.

Quand, enfin, les souverains quittent la cathédrale, la « course » commence entre toutes les voitures officielles alignées le long du parvis. Je glisse au président que j'ai refusé la demande faite au nom de Colin

Powell. Il me répond : « C'est très bien », tout en songeant sans doute qu'il ne va pas trop s'attarder.

Avec Zapatero, l'entretien est très cordial. Le courant passe entre ces deux hommes qui sont pourtant de bords politiques opposés. Il faut dire que Jacques Chirac n'aimait pas José María Aznar, le précédent chef du gouvernement espagnol, qu'il estimait être trop dans la main des Américains et qui lui semblait très « ficelle ». N'avait-il pas monté, avec Berlusconi et Blair, ce sommet des Açores pour soutenir l'intervention américaine en Irak ? Ils n'avaient averti personne. Comme Européens, ces trois francs-tireurs se posaient là… À la fin du rendez-vous, le président donne l'accolade à son hôte, geste qu'il réserve d'ordinaire aux hommes d'État africains ou arabes et à ses proches.

*
* *

Lors d'un déplacement à Beyrouth pour une conférence sur la francophonie, Bernadette Chirac nous amuse… et nous cause quelques soucis.

– Je vais me promener ! lance-t-elle en quittant sa chambre d'hôtel.

– Madame, nous allons trouver un officier de sécurité pour vous accompagner.

– Ah, non ! réplique-t-elle, visiblement de mauvaise humeur… Mais pourquoi cet ascenseur n'arrive-t-il pas ? poursuit-elle en maugréant, le doigt appuyé sans relâche sur le bouton d'appel.

– Madame, par mesure de précaution, seul l'officier de sécurité peut déverrouiller l'appareil.

– Bien. Faites-le venir alors.

Une bonne heure passe avant que l'épouse du président ne réapparaisse, visiblement satisfaite de sa promenade.

« Vous voyez. Il n'était pas nécessaire de faire tant d'histoires.

– Madame, à Beyrouth, il n'est pas anormal que la sécurité soit un tant soit peu vigilante… »

Pendant toute son « escapade », les délégations africaines, dont plusieurs membres se trouvaient déjà dans les rues de la capitale libanaise, avaient reconnu l'épouse du chef de l'État français. Grâce à ses homologues, la sécurité n'avait pas perdu la trace de Bernadette Chirac et la suivait à distance !

– 6 –

Algérie : un accueil triomphal

Mars 2003

En face de moi Rachid Marif, le chef du Protocole algérien, argumente :

– Le M'Zab, la région de Ghardaïa, la ville sainte de Beni Isguen sont des sites magnifiques que les autorités de mon pays aimeraient voir attirer davantage de touristes. Une visite du président Chirac dans ce sud algérien serait évidemment un atout formidable… Et puis, comme vous le savez, ajoute-t-il en baissant la voix, là-bas, les populations locales sont calmes, peu perméables aux thèses islamistes. La sécurité sera plus facile à assurer.

Je suis sceptique. À mon sens, les lieux ne se prêtent pas à une visite présidentielle. Mon homologue, ancien ministre du Tourisme, le sent et tente une dernière carte :

– Avec les Mozabites, pas de mauvaise surprise.

Sous-entendu, on peut faire confiance à ces commerçants aisés qui occupent le haut du pavé dans bien des villes du pays.

Compte tenu de ses anciennes fonctions et de sa proximité avec Bouteflika, cet homme élancé aux cheveux gris s'adresse à moi avec fermeté et autorité.

Sans répondre, je jette un coup d'œil alentour. Le bourg où nous nous trouvons est charmant. Des maisons anciennes, des ruelles étroites où l'on voit des ânes employés au ramassage des ordures comme dans la casbah d'Alger : une vraie carte postale. Mais comment faire tourner les dizaines de voitures de la délégation sur ces abords pentus quand il s'agira de reprendre la route ? Mon interlocuteur interrompt ces réflexions logistiques.

– Pour le méchoui que nous organiserons en votre honneur, nous avons déjà commencé à terrasser un terrain où nous pourrons dresser une grande tente.

Je le « sens » de moins en moins. En fait de création d'esplanade, un bulldozer a, à ce stade, aplani un terrain en dehors de Ghardaïa.

Cette visite d'État en Algérie – la première d'un président de la République française puisque ses prédécesseurs ne sont venus qu'« en » visite officielle, soit un cran au-dessous dans les règles du protocole international –, est on ne peut plus sensible. On marche sur des braises. J'ai d'ailleurs prévu deux missions préparatoires. Alors que j'effectue la première, en ce début décembre 2002 où ne cesse de tomber une pluie fine, je suis convaincu que cette précaution ne sera pas superflue. À Paris, plusieurs réunions ont déjà eu lieu pour en fixer le cadre. Côté français, les « diplos » ont insisté pour mettre en relief l'action du président Bouteflika. Son pays sort de dix années d'une guerre civile sanglante. Le FLN, le gouvernement et l'armée ont eu le dessus sur les « barbus », du moins militairement, mais la situation politique reste très fragile. Et tous les pays voisins, à commencer par le Maroc et la Tunisie mais encore le Niger et le Mali, n'ont qu'une hantise : que l'Algérie exporte ses conflits internes – ce qui finira par se produire… Sans oublier que l'affaire des moines de Tibhirine, non résolue depuis 1996, empoisonne nos relations.

Cependant, Jacques Chirac est aussi l'homme qui sait dire non aux Américains et s'oppose à l'invasion de l'Irak. Sa popularité dans le monde musulman est immense. J'ignore pour l'heure à quel point le discours de Dominique de Villepin aux Nations unies, en février 2003, refusant de s'associer à la coalition que les États-Unis veulent former pour faire la guerre à l'Irak, va encore augmenter cette aura. Dans ce contexte tendu, le président français veut s'adresser à la jeunesse algérienne, lui parler de la diversité culturelle et lui expliquer que le « choc des civilisations » n'est pas inéluctable. À Alger, mes interlocuteurs m'ont proposé de retenir l'université Mentouri de Constantine pour cette allocution. Dessinée par Oscar Niemeyer et inaugurée en 1971, elle est l'une des plus grandes d'Algérie. Mais la proximité de l'autre université de Constantine, celle des sciences islamiques, me conduit à penser que Jacques Chirac, très attaché à la laïcité et qui s'apprête à légiférer sur le port du voile dans les écoles françaises, risque de se retrouver face à une marée de tchadors…

En revenant à Alger, après cette longue journée dans le M'Zab, je sens qu'il va falloir être vigilant pour maîtriser le programme. Dans la capitale, je vais voir notre ambassadeur, Daniel Bernard, un proche de Laurent Fabius, qui a dirigé le cabinet de Roland Dumas au Quai d'Orsay et qui, je le sais, est de bon conseil. Il a d'ailleurs mis à la disposition de la mission préparatoire un conseiller de l'ambassade, un jeune homme fin, cultivé, écrivant bien. Il s'appelle Boris Boillon, deviendra un « Sarko boy » et gagnera plus tard en célébrité en raison de son manque de diplomatie en pleine crise tunisienne, puis, récemment, en raison de ses démêlés financiers.

Avec Daniel Bernard, nous dressons la liste des points acquis. La délégation sera logée en dehors d'Alger, comme nous l'ont proposé nos interlocuteurs, dans des résidences présidentielles construites depuis l'Indépendance et relativement faciles à sécuriser. Si nécessaire, des entretiens de travail pourront aussi se dérouler dans ces installations fonctionnelles. Dès son arrivée, Jacques Chirac déposera une gerbe devant le Mémorial du martyr ; en revanche il n'entrera pas dans le musée qui se trouve sous le monument et met en exergue « les crimes et les exactions commis par la France ». Si nos hôtes insistent, on prévoira que quelques membres de la délégation y fassent un bref détour. Le président visitera aussi, comme il l'a demandé, le cimetière français que les Algériens nous promettent de remettre en état. Le principe d'un discours devant l'Assemblée nationale est également acquis. Pour le reste, nous préférons laisser des blancs.

Décidément, ce déplacement est compliqué à organiser. J'ai en permanence à l'esprit que le chef de l'État veut adresser un message au monde en expliquant que les Arabes ne sont pas tous des assassins qu'il convient de bombarder d'urgence… sans toutefois négliger totalement son électorat. Les pieds-noirs, qui votent à droite et lui sont reconnaissants d'avoir mis en place un processus d'indemnisation des spoliations après l'Indépendance, doivent en effet être ménagés.

Pas question de se rendre dans les Aurès, montagnes trop symboliques dans la mémoire collective. Ni à Sétif, qui ne manquerait pas de raviver le souvenir encore à vif des émeutes nationalistes réprimées brutalement par l'armée française en 1945. Il faudra bien le reconnaître un jour mais, pour le moment, est-il nécessaire d'agiter ces chiffons rouges devant la presse, tant française qu'algérienne ?

*
**

Je ne suis pas revenu en Algérie depuis 1964. Pourtant, dès ma sortie de l'avion, tout est remonté d'un coup : ma jeunesse ici, la baie d'Alger, la rue arabe si chaleureuse. Autant le dire tout de suite, je ne suis pas un pied-noir nostalgique. Avant que Jacques Chirac me remette les insignes d'officier de la Légion d'honneur en 2002, la rédactrice de son discours me demanda si je souhaitais qu'un élément de ma biographie fût mentionné en particulier. Je lui répondis : « Dites juste que je suis né à Mazagran, en Algérie. »

Mazagran, petite ville proche de Mostaganem, dont mon grand-père maternel a été maire. Des deux côtés de la Méditerranée, mes grands-pères ont cultivé le raisin, élevé le vin et en ont fait commerce. Les ancêtres de ma mère sont venus de l'Ariège à la fin des années 1830 et ont planté de la vigne. Leurs affaires ont prospéré. Mon grand-père vend du vin un peu partout en Europe, y compris à Dubonnet. Le sien et celui de certains propriétaires musulmans qui, pour des raisons religieuses, ne vinifient pas eux-mêmes leur récolte. Mon père, dont la famille vit dans le Roussillon, a, lui, choisi de traverser la Méditerranée et de faire carrière dans la fonction publique. Il est administrateur des services civils de l'Algérie. À cette époque, certaines communes élisent leur maire tandis que d'autres – sans doute à la population moins « sûre » – relèvent du ministère de l'Intérieur. Ces « communes mixtes » sont administrées par un fonctionnaire. Au gré des affectations de mon père, je connaîtrai différents lycées, celui de Sidi Bel Abbès, celui de Sétif ou celui d'Oran, et d'excellents professeurs dont Yves Coirault en français-latin-grec qui dirigea, avec d'autres, les éditions des *Mémoires* de Saint-Simon dans La Pléiade.

Nous vivons, il faut le dire, dans une certaine insouciance. Pour le « *paseo* » du soir, dans la rue d'Arzew à Oran, les jeunes gens ne s'habillent plus « en Clark et en Marlène », comme le décrit Camus dans des passages magnifiques de *L'été*. À la fin des années 1950, la mode est aux jeans de James Dean, aux robes vichy et aux « choucroutes » à la Brigitte Bardot. Nous, les garçons, nous promenons même avec une paire de gants de peau dans la poche arrière pour mieux ressembler au héros de *La Fureur de vivre* et de *Géant*.

En 1959, je m'installe à Paris pour des études de droit au Panthéon et pour les Langues O' dont je sortirai diplômé en russe et en roumain. D'où m'est venue cette attirance pour les langues orientales ? Peut-être du jour où, alors que j'étais tombé malade à Alger, ma mère m'avait offert *Kaputt* de Malaparte, ouvrage qui est parsemé de mots roumains. À cette époque, tous les noms exotiques me faisaient rêver…

Je poursuis mes études par le « cycle de spécialisation sur l'URSS et les démocraties populaires », dirigé à Sciences-Po par Hélène Carrère d'Encausse. Véritable puits de science historique, intelligente, pleine de vivacité, Hélène Carrère d'Encausse était une pédagogue hors pair qui savait rendre tous ses cours passionnants. Descendante pour une branche d'une grande famille russe, pour l'autre d'une riche famille géorgienne, elle avait eu un parcours romanesque : son grand-père, jurisconsulte des chemins de fer de l'empire russe, et l'un de ses oncles, gouverneur de l'Ingouchie dans le Caucase, lui avaient communiqué le goût de l'Histoire, des voyages et de la découverte. Avant d'acquérir la nationalité française, d'entreprendre sa carrière universitaire et de devenir la première femme élue secrétaire perpétuel de l'Académie française en 1999, elle avait, encore adolescente, rencontré le prince Félix Youssoupov, lui aussi en exil à Paris. Celui-ci lui aurait alors raconté de manière très vivante comment il avait assassiné Raspoutine en décembre 1916…

Mes parents, eux, après être revenus en France, sont repartis vivre en Algérie. De 1962 à 1964, mon père a été conseiller au cabinet d'un ministre du gouvernement Ben Bella, Kaïd Ahmed, surnommé « le commandant Slimane ». Dans la famille, son choix de travailler avec ceux qui venaient de nous « mettre dehors » ne fit pas l'unanimité. Pour ma part, après avoir été assistant en droit des affaires à l'université Paris V-René Descartes, je suis entré au Quai d'Orsay en 1971 en passant le concours d'Orient, section Europe orientale.

Aujourd'hui, à Alger, je retrouve l'appartement familial, rue Didouche-Mourad, ex-rue Michelet, au-dessus de la pâtisserie La Princière. Les stores pendent aux fenêtres de l'immeuble, le rideau de fer est baissé. Dans une cage d'escalier déglinguée, je me mets à pleurer.

*
**

Il est temps de rentrer à Paris et d'avoir une discussion avec les « diplos » et le président. Mais, avant de quitter Alger, je dois faire le point avec nos futurs hôtes. « Le programme à Alger se présente très bien », dis-je d'emblée, sachant que le symbole de Bouteflika recevant Chirac dans sa capitale est important. Il sera dans son fief ! En revanche, j'explique que les Aurès ne me paraissent pas s'imposer, que Constantine pourrait ne pas être si appropriée, que Ghardaïa pourrait faire l'affaire mais certainement pas ce village du M'Zab qu'on m'a montré. « Donc, pour le déplacement en province, il faut encore que je voie. » Je temporise et demande à aller faire un tour à Oran.

À ma surprise, les Algériens ne sont plus si insistants sur le M'Zab. J'apprends, à mots couverts, qu'ils ont vu que ni le « wali » (préfet) ni le maire de Ghardaïa ne s'étaient vraiment empressés de faire les choses en grand. J'avais surpris des échanges assez vifs en arabe entre eux et l'équipe venue d'Alger, qui comptait d'ailleurs un des frères d'Abdelaziz Bouteflika. De plus, le méchoui qu'on leur avait servi n'avait pas été à leur goût. Peut-être la viande était-elle légèrement faisandée…

Nous reprenons l'avion, toujours accompagnés de notre cher Boris Boillon. À Oran, le wali Mustapha Kouadri nous tend les bras et nous fait visiter la ville. Nouvelle séquence nostalgique dans cette cité pas très belle mais généreuse et ouverte sur le monde, autant espagnole qu'arabe. À l'un de mes collaborateurs, j'ai demandé de relever le nom des rues pour préparer le parcours officiel. Nous arrivons dans une grande artère d'Oran que je connais sous le nom d'avenue Loubet.

« Comment s'appelle cette avenue ? demandé-je au wali.

– Avenue Loubet !

– Mais elle doit avoir un nom en arabe ? »

Le préfet se tourne vers un membre de son équipe :

« Comment s'appelle cette rue ?

– Avenue Loubet ! »

Nouvelle tentative auprès d'un policier. Même résultat. Nous finissons par apprendre que l'avenue Loubet est devenue « Cheikh Tebessi », et décidons d'inscrire sur le programme officiel les deux noms, l'ancien et le nouveau, afin que les gens s'y retrouvent.

À l'université d'Oran, c'est l'émerveillement. Il y a là des étudiantes, certaines voilées, d'autres avec un simple petit foulard, d'autres enfin tête nue. Des jeunes hommes en pantalon, glabres, mais aussi quelques-uns, rares, en robe blanche et bonnet de coton. Pour la diversité culturelle, c'est idéal. Je rencontre le recteur, enthousiasmé, qui me dit qu'il décernera le titre de docteur honoris causa au président français.

À l'Élysée, on attend mon compte rendu. Je fais part de mes réticences sur le M'Zab, des évidentes difficultés de circulation pour le cortège, d'hébergement pour plusieurs centaines de personnes, et de la volonté des Algériens, ou, plus exactement, du Premier ministre Benflis, né à Batna, d'en profiter pour nous entraîner vers les Aurès… Tout le monde écoute et Gourdault-Montagne m'interrompt :

« À part Alger, qu'est-ce qui reste ?

– L'Oranais. On peut avoir Oran, Mostaganem, Tlemcen. C'est beaucoup plus ouvert que le Constantinois.

– Très bien. Rédige une note pour le président ! Je lui en parlerai. »

Je m'exécute et suggère cette deuxième option, qui est retenue. Quelques semaines plus tard, je repars pour une seconde mission préparatoire. L'occasion aussi de vérifier que toutes les questions de sécurité, aux mains des services algériens, ont été verrouillées. L'Algérie sort d'une décennie sanglante. À l'Élysée, Bernadette Chirac a dit plusieurs fois à Marthe Steffann, chef du secrétariat particulier du président :

– J'ai un fusil qui me vient de mon père. Si par hasard il arrivait malheur à mon mari, Maurice Gourdault-Montagne et Paul Poudade entendraient parler de moi…

Le message a été reçu !

On m'assure cependant que les choses se passeront bien, qu'il faut évidemment tout envisager mais que Jacques Chirac bénéficie d'une excellente image, non seulement grâce à sa position sur l'Irak mais aussi parce qu'il a gardé une formidable cote de popularité depuis sa visite aux sinistrés des inondations de Bal El Oued en 2001.

*
**

La délégation officielle française atterrit donc à l'aéroport d'Alger le dimanche 2 mars 2003 à 13 heures. L'élaboration de la liste des invités a donné lieu à d'intenses négociations entre la cellule diplomatique, la direction Afrique du Nord-Moyen-Orient du Quai et nous, le Protocole. Tout le monde savait qu'il y aurait plus de candidats que d'élus. Au final, plus de deux cents personnes, dont cinq ministres, sont du voyage. Autour des membres du gouvernement, des grands patrons comme Thierry Desmarest pour Total, Pierre Bilger pour Alstom, Noël Forgeard pour Airbus, Pierre Gadonneix pour GDF. Mais aussi des artistes – Nicole Garcia, Cheb Mami, Kader Belarbi, Louis Gardel, etc. –, et des associations – SOS Racisme, les rapatriés… Sans compter les journalistes. Et ils sont nombreux !

Place Mauritania, l'ancien Forum, je n'ai jamais connu une telle marée humaine. Mais nous n'avons pas encore vu Oran ! Le maire d'Alger remet les clefs de sa ville à Jacques Chirac. Les gens hurlent, applaudissent, les femmes lancent des youyous. Une liesse incroyable, au point que je m'écarte un instant du cortège pour appeler ma mère avec mon portable et lui dire : « Écoute l'accueil d'Alger ! » Plus tard, on entendra aussi des « Chi-rac ! Vi-sas ! » scandés pour demander à la France d'ouvrir davantage ses frontières. Evelyne Richard, qui s'occupait de la presse, m'assurera avoir également entendu quelques « Algérie française »…

Le dépôt de gerbe au Mémorial du martyr se passe bien, tout comme, le lendemain, la visite au grand cimetière français d'Alger. Les mauvaises herbes ont été arrachées, quelques croix, brisées, ont été relevées sur les pierres tombales… La journaliste Élisabeth Schemla, qui fait partie de la délégation, a convaincu le président de se rendre aussi dans la partie juive du cimetière, sur la tombe d'un de ses parents.

En revanche, un rendez-vous est un peu escamoté à mon goût. Ayant appris que le sceau du dey d'Alger, rapporté en France par le général de Bourmont lors de la conquête du pays, était en vente, j'en avais parlé à Jérôme Monod, à Maurice Ulrich et à Maurice Gourdault-Montagne. Nous étions convenus qu'il ferait un présent idéal et l'avions fait racheter. Malheureusement, les Algériens n'ont organisé qu'une brève cérémonie dans le patio des ambassadeurs, à la présidence de la République. Le sceau leur est remis sous une lumière un peu triste.

Après des réunions de travail le lundi 3 mars et un dîner privé avec des intellectuels algériens à l'ambassade, nous partons pour Oran le mardi 4.

L'accueil y est encore plus exceptionnel qu'à Alger. Entre l'aéroport et le centre-ville se pressent un million de personnes, au point que les barrières métalliques censées canaliser la foule sont inclinées à 45°. Au passage de Dominique de Villepin, qu'accompagne Cheb Mami – alors en pleine gloire avant de connaître des heures plus sombres –, les gens crient alternativement « Do-mi-nique ! », « Cheb ! ».

– C'est sans doute la conséquence de ton discours au Conseil de sécurité de l'ONU, dis-je à Dominique de Villepin.

Le 14 février, le ministre des Affaires étrangères a en effet prononcé à New York un vibrant plaidoyer contre la guerre en Irak alors que les États-Unis, déterminés à envahir ce pays, affirmaient que Saddam Hussein ne jouait pas le jeu des inspections de l'ONU sur les armes de destruction massive. La seconde guerre d'Irak débutera cependant un mois plus tard, le 19 mars 2003.

« La conséquence de mon discours, cet accueil ? Vraisemblablement ! constate le ministre des Affaires étrangères, d'un ton faussement modeste. Je vais aller saluer la foule, poursuit-il.

– Je te le déconseille. Il va y avoir des morts », dis-je, de peur qu'il ne provoque un mouvement de foule incontrôlable.

Plus tard, après avoir jeté des regards de tous les côtés, je m'approche de mon homologue algérien :

« Nous avons perdu Bernadette !

– Ne t'inquiète pas, me répond-il. Elle est un peu plus loin. Il y a tout ce qu'il faut en forces de sécurité autour d'elle. »

Avec Nicole Garcia, nous échangeons quelques souvenirs en traversant Oran. Elle a été élève du lycée de filles Stéphane-Gsell. Je lui rappelle que celui pour les garçons s'appelait Lamoricière avant d'être baptisé Pasteur.

Habituée à visiter les hôpitaux, les écoles ou les centres d'artisanat pendant les visites officielles, ce qu'elle fait sans se plaindre, l'épouse du chef de l'État sort enchantée de son bain de foule.

Nous arrivons à l'université Es-Senia. J'ai demandé à mon homologue s'il pouvait faire venir les maires de Mostaganem et de Mazagran, villes situées à une cinquantaine de kilomètres d'Oran. Je m'avance pour leur donner l'accolade et, là, je fonds en larmes, submergé par l'émotion. Ils sont un peu surpris. Ces jeunes hommes ne comprennent pas l'intensité de la charge émotive pour moi. L'un des deux est tout de même l'un des successeurs de mon grand-père à la mairie de Mazagran… La seule chose qu'ils me demandent est de leur présenter Chirac.

– Il n'y a aucun problème, dis-je en reprenant mes esprits.

Et, comme d'habitude, Jacques Chirac se tire de la situation à merveille. Ne sachant pas trop quoi dire, il se tourne vers sa femme.

– Bernadette, je vous présente les maires de Mostaganem et de Mazagran.

Les deux élus sont ravis. Ils ont été pris en photo non seulement avec le président français mais aussi avec son épouse !

Les deux chefs d'État doivent avoir un dernier entretien. Pendant ce temps-là, je m'assure que tout est en ordre, que la réception au palais El Bahia, construit par les Chinois en remerciement d'un important contrat, se prépare bien. Une immense tente, une *rhaïma* rouge, a été dressée dans la cour mais je m'aperçois que de drôles de choses se trament. Des proches d'Abdelaziz Bouteflika et des membres du gouvernement d'Ali Benflis sont en train d'échanger des noms d'oiseaux. Les membres du gouvernement viennent d'intervertir les cartons portant les noms des invités et prennent leurs places. Le litige, bien plus politique que simplement protocolaire, oppose en fait l'entourage du président Bouteflika à celui de son Premier ministre, Ali Benflis, qui sera candidat contre lui à l'élection de 2004 et dont on sait aujourd'hui qu'il se représentera au prochain scrutin, en 2014. Aura-t-il plus de chance dix ans plus tard ? La tonalité de la presse française m'agace parfois. Elle valorise systématiquement Benflis, le donne même comme un gagnant possible en 2004. C'est une erreur d'analyse car Bouteflika a le parti et l'armée derrière lui. Il viendra plus tard à Paris pour une visite de travail, donc, en principe, sans apparat. Mais je prendrai la liberté d'envoyer la Garde républicaine lui rendre les honneurs militaires à l'aéroport. En cela, je sors de mon rôle car je ne m'occupe que de la forme, jamais du fond. Mais parfois les deux se rejoignent. Personne ne saura jamais rien de mon entorse au protocole et le président algérien sera ravi de l'accueil qui lui a été ménagé !

Devant la *rhaïma*, le préfet Kouadri, qui n'a pas dormi depuis trois nuits, est pris à partie. Une fois encore, les équipes Bouteflika et Benflis s'opposent et le préfet devient l'otage de leurs rivalités constantes. Dans cette ambiance tendue, je tente une diversion et l'entraîne vers le lieu de l'entretien présidentiel. Après quelques instants, Jacques Chirac sort. Je lui présente le préfet et il comprend à mon regard que quelque chose ne va pas. Alors il se met à féliciter vivement celui-ci devant Bouteflika :

– Monsieur le wali, c'est une organisation parfaite. Je vous remercie vivement au nom de toute la délégation…

Jusque-là décomposé, l'homme se remet à respirer.

Le déjeuner se déroule très chaleureusement. À la fin, le chef de l'État français entre à nouveau dans la foule qui l'attend à l'extérieur, provoquant une cohue bon enfant. Avant de reprendre l'avion, les membres de chaque gouvernement se disposent de part et d'autre du tapis rouge et Hamlaoui Mekachera, ministre délégué aux Anciens combattants, trop heureux de parler arabe, se retrouve au milieu de ses homologues algériens. Je m'avance vers lui.

– Monsieur le ministre, vous n'êtes pas encore membre du gouvernement algérien mais vous l'êtes toujours du gouvernement français.

Je l'invite donc à passer de l'autre côté. Tout le monde rit de bon cœur.

Dans le grand avion qui nous reconduit à Paris, le silence est impressionnant. Toute la délégation se tait avant que Bernadette Chirac, très émue, me souffle :

– Je crois que je n'ai jamais vu cela…

Blandine Kriegel nous raconte que les artistes, comédiens et intellectuels qui sont allés à Tipaza se sont mis à lire *Noces* de Camus face à la mer, au milieu des pierres millénaires, et dans le parfum entêtant des asphodèles. Les hommes d'affaires, eux, semblent également satisfaits. Ils ont obtenu d'être protégés et que l'administration ne se montre pas trop tatillonne.

Encore aujourd'hui, quand Dominique de Villepin parle de cette époque, il répète :

– Il faut se souvenir de ce que fut l'accueil de Chirac en Algérie !

À partir de notre retour, le président ne m'appelle plus « cher ami » ou « monsieur l'ambassadeur » mais « Paul ».

– 7 –

Avec l'Afrique : une relation privilégiée

2003-2004

Au début du mois de décembre 2003, c'est à Tunis que nous faisons une visite d'État, couplée à un dialogue euro-maghrébin qu'on appelle « 5 + 5 » parce qu'il réunit cinq pays européens et cinq pays du nord de l'Afrique. Dès l'ouverture de la conférence, je m'aperçois que le colonel Kadhafi est à l'évidence complètement drogué. Lorsque le président Ben Ali lui donne la parole, il est incapable de prononcer un mot et regarde la salle, hébété. « Dans moins de trois heures, ils seront à table. À coup sûr, Chirac et Kadhafi, les plus anciens parmi ces chefs d'État, ont été placés côte à côte », me dis-je, songeur. Je décide alors de me rendre discrètement dans la salle de réception. Les languettes indiquant les noms des convives sur le grand tableau placé à l'entrée confirment ma prémonition. Sans l'ombre d'une hésitation, je change les places, éloigne le président français du « Guide suprême » et m'approche de la table pour modifier également les cartons de verre. Motus à l'égard du chef du Protocole tunisien. Je ne vais pas me vanter. Pour le reste on verra. En revanche, je préviens Jacques Chirac : « Vous paraîtrez moins bien placé mais… – Vous avez bien fait », m'interrompt-il. Le moment venu, personne ne semble remarquer la substitution… et le chef du gouvernement espagnol, José María Aznar, supportera un Kadhafi hagard tout le long du repas.

Un peu avant l'invasion de l'Irak en mars 2003, une visite avait été programmée en Libye. Une date m'avait été proposée par les services de Kadhafi pour ma mission préparatoire mais, lorsque j'étais arrivé à l'aéroport, on m'avait expliqué que mon homologue avait dû, à la demande du Guide, partir toutes affaires cessantes pour un autre pays africain.

« Vous auriez dû me prévenir… J'aurais reporté ma visite, avais-je alors fait remarquer, trouvant le procédé désinvolte.

– Non, non, le fils du chef du Protocole va vous recevoir. »

De fait, c'est celui-ci qui, installé sur une estrade, mena toute la discussion, distribuant la parole et pontifiant légèrement. Quand on eut terminé les préparatifs, il tint à faire venir son fils pour me le présenter. Je me suis dit : « Je vais finir par connaître toute la famille. C'est une véritable dynastie ! »

En raison de l'intervention américaine en Irak, la visite de Jacques Chirac en Libye n'eut finalement pas lieu. Elle ne se déroula qu'à la fin de novembre 2004, après mon départ du Protocole.

*
**

Avec le Maghreb et l'Afrique francophone, la France entretient, comme chacun le sait, des liens privilégiés mais parfois complexes. Jacques Chirac connaît de longue date la plupart des chefs d'État de ce continent qui, en général, ont une longévité politique exceptionnelle.

En ce qui concerne Omar Bongo, par exemple, les souvenirs remontent aux années 1960. Il leur arrive d'évoquer l'époque où l'un était le conseiller du président Léon M'ba et l'autre celui de Georges Pompidou, Premier ministre, et où leurs « patrons » respectifs les incitaient à travailler ensemble pour la bonne marche des relations franco-gabonaises. Depuis la conversion de son alter ego gabonais à l'islam et son pèlerinage à La Mecque, Jacques Chirac appelle Omar Bongo « Omar el Hadj ».

Lors d'une soirée donnée après une conférence franco-africaine, l'homme fort de Libreville arbore une cape noire doublée de satin blanc. Le président français le félicite.

– Tu as une cape magnifique et tu la portes merveilleusement !

– Ah, merci. En effet, j'aime bien la porter le soir. Mais, est-ce que je ne ressemble pas trop à Dracula ?

répond le chef de l'État gabonais qui n'est pas dépourvu d'humour et sait manier l'autodérision.

Le président français sait aussi que nos schémas occidentaux ne se transposent pas à la lettre dans les pays africains. Ainsi, un jour, l'un de ses visiteurs, homme politique ou chef d'entreprise je ne sais plus, s'inquiète de l'annonce d'une condamnation à la lapidation prononcée au Nigeria. Jacques Chirac le rassure :

– Ne vous en faites pas. Je connais le président nigérian, Olusegun Obasanjo. Il veillera à ce que la sentence ne soit pas exécutée. Je lui téléphonerai si besoin est.

De même, lorsque des homosexuels sont poursuivis devant les tribunaux en Égypte et exhibés à la télévision, Jacques Chirac choisit-il d'intervenir discrètement mais fermement auprès de Hosni Moubarak lors d'un déjeuner officiel à Paris, pour lui rappeler qu'un certain nombre de droits fondamentaux méritent d'être respectés et que l'Égypte ne peut se mettre ainsi au ban de la communauté internationale. La corde sensible peut également jouer, le président égyptien appréciant beaucoup, lors de ses séjours dans la capitale française, d'être logé à l'hôtel de Marigny.

Ces échanges de bons procédés créent une proximité et des obligations réciproques qui permettent de mieux se connaître et de se dire des choses qu'on ne pourrait pas se dire si ces liens n'avaient pas été établis.

*
**

« 22 au 25 octobre 2003 : Niger et Mali », est-il inscrit sur le programme qui ne me quitte pas. À Niamey, dans l'enceinte de la résidence de l'ambassadeur, j'ai l'occasion de voir la maison d'hôte, ou « case Monod », du nom de Théodore Monod, qui sillonna ces contrées lors de ses explorations scientifiques. Chaque matin, on ouvre leur enclos aux gazelles, qui multiplient les bonds à travers le jardin, pour se dégourdir les jambes.

Ici, au Niger, comme au Mali, tout le monde craint l'exportation du conflit algérien et la montée de l'islam intégriste.

Après les entretiens avec le président Tandja, nous partons pour Tahoua où les deux chefs d'État sont accueillis dans le grand stade en présence des sultans, chefs de tribu et chameliers de Zinder, d'Agadez et du nord du Niger. Le spectacle est aussi coloré que bruyant. On m'a prévenu que des griots célébreraient l'hôte de marque et chanteraient ses louanges. Mais il me revient de leur remettre le don en argent prévu car le président français est un personnage trop important pour s'acquitter en personne de cette tâche. Les griots se mettent à « hurler » les mérites de Chirac au porte-voix, à chanter et à danser. Je tente de les modérer et, à cet effet, leur donne les quelque cinq cents euros préparés par nos services comptables. Les mégaphones finissent par se taire. Il reste à souhaiter qu'Areva, installée au nord du pays, à Arlit, apprécie à leur juste valeur tous les gestes accomplis par Jacques Chirac au Niger. C'est dans ce pays que le géant du nucléaire français exploite les mines d'uranium nécessaires au fonctionnement de ses centrales.

Nous quittons le Niger et, avant d'aller à Bamako, nous faisons étape à Tombouctou. Les Maliens nous ont dit :

– Cette étape est incontournable : Tombouctou est la capitale du Nord et le général de Gaulle s'y est arrêté.

Et ils ont poursuivi :

– Nous avons l'intention d'organiser un dîner ici. Il fera frais sur la dune. Votre délégation dormira donc à Tombouctou avant de rejoindre la capitale.

– Cela me paraît difficilement jouable, leur ai-je répondu, au risque de beaucoup les peiner. Il sera sans doute compliqué d'héberger les quelque deux cents personnes qui accompagneront le président.

Je savais de quoi je parlais. Je venais de passer une nuit épouvantable malgré la pancarte qui, sur la route de l'aéroport, tente de séduire le voyageur en annonçant : « Visitez l'hôtel Diana et ses suites. » Tous ces hôtels ont les vitres occultées par des sacs-poubelle noirs afin d'éviter que le sable ne pénètre à l'intérieur des chambres. Il y fait une chaleur torride. Quelques-uns de mes collaborateurs, qui n'avaient pas bénéficié de l'air conditionné ou d'un ventilateur, s'étaient relevés plusieurs fois dans la nuit pour prendre une douche puis s'étendre mouillés sur leur lit. Je me voyais mal expliquer aux membres de la délégation, dont certains sont de véritables petits marquis parisiens, qu'un filet d'eau coulerait dans leur salle de bains et que leur chambre n'aurait pas la climatisation.

– Vous ne connaissez pas la capacité hôtelière de Tombouctou, m'a-t-on répliqué.

Le chef du Protocole malien n'était à l'évidence pas le personnage influent. Un autre homme s'agitait beaucoup et parlait haut. Il s'est présenté comme « président du comité de préparation de la visite », un proche d'« ATT » – Amadou Toumani Touré –, le président malien. Finalement, nous avons trouvé une solution : nous arriverons directement à Tombouctou depuis Niamey, puis irons dormir à Bamako avant de partir pour le pays dogon puis de terminer la visite à Mopti.

La visite officielle sera émaillée de gags. Nos hôtes ont fait construire une sorte de grande porte sur la route de l'aéroport, censée s'ouvrir symboliquement sur Tombouctou. La voiture présidentielle s'arrête. Je préviens Jacques Chirac :

– Quand je vous ferai signe, vous aurez à ouvrir cette porte en tapant avec le heurtoir.

À peine sommes-nous devant la porte et alors que le cortège, évidemment, a pris du retard, le président, impulsif comme il peut parfois l'être, attrape le marteau, frappe de toutes ses forces. Aussitôt, la porte s'ouvre, la musique commence mais… le cortège ne suit pas. Aucune importance, accueil chaleureux, à l'africaine !

Tout comme à Niamey, le trajet est balisé de grands portraits des deux chefs d'État.

« Ne pourrait-on pas disposer de photos plus récentes ? demandé-je à Claude, voyant que celui de Chirac date quand même de quelques années.

– Vous n'y pensez pas. Ces portraits sont parfaits et la présidence les utilisera jusqu'à la fin du mandat. »

La réponse est formulée avec un large sourire et un brin d'ironie.

Nous sommes un vendredi, le président Touré doit aller à la mosquée pendant une petite heure, laissant à son invité le temps de se reposer un peu et de se faire expliquer le Mali par ses collaborateurs. Vient le déjeuner. Les Maliens semblent très contents et nous disent fièrement qu'ils ont préparé un « méchoui Kadhafi ». Curieux méchoui puisque l'on cuit un chameau à l'intérieur duquel est placé un mouton qui contient lui-même un poulet dans lequel on a mis un œuf… La viande du chameau, grillée, est délicieuse mais ses hôtes de l'intérieur manquent de cuisson. Le long festin s'achève.

– Je comprends que cette visite soit importante pour vous, dis-je à mes interlocuteurs, mais, là, ce que vous imposez au président devient épuisant !

Je les soupçonne d'avoir encore alourdi le programme alors que nous nous étions mis d'accord sur le déroulement de la journée.

– Pourquoi échangez-vous des propos un peu vifs ? s'enquiert Jérôme Monod auquel je m'empresse d'expliquer la situation.

Le lendemain, nous partons pour le pays dogon en empruntant un hélicoptère militaire depuis Mopti. Nous longeons la falaise de Bandiagara avant de nous poser à Ireli où les présidents malien et français sont accueillis par les personnalités de cinquante-sept villages, avant les danses cérémonielles des masques dogons dont certains ne sortent et ne dansent que tous les soixante ans. La société des masques est une confrérie dans laquelle entrent tous les jeunes garçons après leur circoncision. Les dignitaires sont intronisés lors de cérémonies soixantenaires dont la prochaine est prévue en 2027. Jacques Chirac est aux anges. Quant à moi, chaque fois que j'entre au musée du quai Branly où une exceptionnelle statue djennenké du XIe siècle – et donc pré-dogon – au bras gauche levé (le droit a disparu) accueille le visiteur, je reviens par la pensée au Mali.

Retour en hélicoptère à Mopti, la « Venise africaine », étape importante pour le président malien puisqu'il en est originaire. Nous visitons la ville mais aussi les villages des alentours, les mairies, les écoles…

« Est-ce que c'est fini maintenant, Paul ? me demande Jacques Chirac, les traits tirés.

– Monsieur le président, il reste encore la course de pirogues…

– Ah, mon pauvre ! »

Et il prend appui sur mon épaule. Il n'en peut plus mais il est bien décidé, ici comme partout ailleurs, à respecter le programme jusqu'au bout. Je suis très touché par ce geste. Commencent les courses individuelles puis par équipes qui soulèvent des gerbes d'eau sur le Niger pendant que les habitants de Mopti, agglutinés sur la rive du fleuve, encouragent leurs favoris respectifs du geste et de la voix. Les présidents remettent les prix aux vainqueurs. ATT raccompagne son hôte à l'aéroport. L'avion présidentiel redécolle ensuite de Bamako pour la France. Contrairement à son habitude qui est de tirer le bilan de son voyage avec ses conseillers, le président va aussitôt se coucher. Nous ne le reverrons que le lendemain matin, à Paris.

*
**

Jacques Chirac a l'habitude de rencontrer ses homologues africains. En tête à tête comme en groupe puisqu'une réunion franco-africaine est convoquée une fois par an et se tient alternativement en France ou dans un pays d'Afrique et qu'un sommet de la francophonie a lieu tous les deux ans. De plus, avant de se rendre à l'assemblée générale annuelle de l'ONU, qui débute en septembre, les personnalités africaines qui s'y rendent passent souvent par Paris et sont reçues à l'Élysée pour un entretien ou un déjeuner. C'est une étape quasi obligée pour les francophones mais aussi un rendez-vous fréquent pour les anglophones ou les lusophones. Enfin, toujours à l'occasion de l'assemblée générale de l'ONU, la France donne à New York une réception pour les pays francophones. Les occasions de se voir sont donc multiples et le président maintient un contact avec tous.

Un jour, Bernadette Chirac me livre cette réflexion :

– Dans le fond, mon mari est un Africain !

Je la regarde et ajoute, en même temps qu'elle d'ailleurs :

– Et aussi un Arabe !

Cela correspond assez bien à la réalité.

Ses relations les plus cordiales, voire amicales, sont celles qu'il entretient avec les chefs d'État des trois pays du Maghreb. Avec Abdelaziz Bouteflika, ainsi que l'a démontré la visite d'État en Algérie, comme avec le roi du Maroc. Avec le président tunisien Ben Ali, il a une certaine proximité, ce qui ne l'empêche pas d'être lucide. Notre ambassadeur à Tunis, Yves Aubin de La Messuzière, est un homme engagé à gauche. Lui et son adjoint, Jean-Pierre Filiu, un remarquable spécialiste du monde arabe, sont très critiques sur Ben Ali et, surtout, sur sa femme, Leïla Trabelsi – « La Régente de Carthage[1] ». Jacques Chirac respecte l'expertise de ces diplomates mais n'entre pas dans le jeu d'une dénonciation à tout-va du

1. Du nom du livre de Nicolas Beau et Catherine Graciet, paru en 2009, éditions La Découverte.

régime, fidèle au principe de Talleyrand, repris par François Mitterrand, selon lequel il faut laisser du temps au temps. Il ne lui vient toutefois pas à l'idée d'aller passer ses vacances en Tunisie comme il le fait au Maroc, à l'invitation du roi Mohammed VI.

Lors de la visite d'État de décembre 2003, la Tunisie donne une impression d'opulence. Ce petit pays, qui n'a guère de ressources naturelles, a réussi son développement dans le domaine du tourisme puis dans celui des nouvelles technologies. Dans les environs de Tunis, nous visitons une sorte de pôle d'activités où sont regroupés sociétés informatiques et centres d'appels internationaux.

*
**

Avec le roi du Maroc, Mohammed VI, les liens sont évidemment très chaleureux même si Jacques Chirac prend toujours garde de maintenir un équilibre « diplomatique » entre le souverain de la dynastie alaouite et le président algérien. Il a surtout très bien connu le père de Mohammed VI, Hassan II qui, dit-on, lui a demandé de veiller sur sa famille avant de mourir. Sa dernière sortie publique a eu lieu pour les cérémonies du 14 juillet 1999 lorsque la Garde marocaine, vêtue du traditionnel burnous rouge, a défilé sur les Champs-Élysées. Neuf jours plus tard, Hassan II s'éteignait à l'hôpital de Rabat.

Mohammed VI, né en 1963, n'est, lui, pas de la même génération que Jacques Chirac. Il donne parfois l'impression de vouloir dire : « Mon père, c'était mon père… »

Il n'empêche, la relation entre la France et le Maroc reste étroite et même intime, voire familiale. Chaque visite est l'occasion d'une nouvelle démonstration de cette longue amitié.

Le jeudi 19 décembre 2002, le président français accueille le roi Mohammed VI et toute sa famille à Orly. Mais ce jour-là, Paris est bloqué : entre les achats de Noël des Parisiens et un important accident de la circulation, la capitale est saturée. Pour revenir de l'aéroport et accompagner le souverain et les siens dans leur résidence de Neuilly-sur-Seine, le long cortège – il semble que toute la famille royale a décidé de venir en France pour les fêtes – doit se frayer un chemin à grand renfort de « pin-pon ». Le passage de nos voitures suscite quelques lazzis et même des doigts d'honneur de Parisiens excédés. Nous faisons mine de ne pas nous en apercevoir.

En plus, il pleut ! Arrivées à Neuilly, les premières voitures peuvent s'engouffrer dans les jardins de la résidence marocaine mais le reste du cortège est obligé de stationner dans la rue. Une noria d'intendants et d'officiers marocains s'organise alors pour transporter les nombreux enfants présents – sans doute ceux des sœurs du roi – et les bagages à l'abri. En observant la scène, je me dis que c'est une position fort avantageuse que d'être un enfant royal…

Frappante aussi est l'habitude de la famille royale de se déplacer avec ses meubles, ses tapis ou ses ustensiles de cuisine à la façon des cours itinérantes d'antan. À chaque fois, c'est tout un tremblement…

Le lendemain après-midi a lieu la cérémonie en hommage au grand-père de Mohammed VI, qui régna, d'abord comme sultan, de 1927 à 1957, puis comme roi jusqu'en 1961 : une plaque à son nom doit être dévoilée sur l'esplanade devant l'Institut du monde arabe, non loin de la Seine. Honorer Mohammed V est une heureuse initiative car, si les relations avec la France ont été tumultueuses avant l'indépendance, ce roi est, pour son peuple, le père de la Nation marocaine moderne. En lui rendant hommage, la République française adresse un signal fort au royaume chérifien. De plus, pendant la Seconde Guerre mondiale, Mohammed V s'est opposé à ce que les juifs portent l'étoile jaune, rétorquant en substance au régime de Vichy : « Faites ce que vous voulez chez vous, mais ici les juifs sont sous ma protection. Pas question d'étoile jaune. »

La cérémonie se déroule comme prévu, en présence du maire de Paris, Bertrand Delanoë, tout sourire mais discret. Je dois même lui dire de s'approcher pour la photo officielle. Des « Vive sa majesté ! », lancés par les partisans de la dynastie, fusent lorsque la plaque est dévoilée. Nous parviennent aussi des cris étouffés depuis l'île Saint-Louis ou la rive droite. Des opposants à la monarchie ou des membres du Front Polisario[1] ? En tout cas, ces voix hostiles sont maintenues à bonne distance…

*
**

Pour « m'ouvrir les portes » du royaume, lorsque je prépare la visite d'État de Jacques Chirac au Maroc qui aura lieu du 9 au 11 octobre 2003, Si Mrini, mon homologue, est un interlocuteur exceptionnel. C'est un Fassi (originaire de Fès), descendant de la dynastie des Mérinides, qui a élevé le futur Mohammed VI. Il aimerait désormais pouvoir prendre sa retraite mais le roi ne veut pas s'en séparer. À son côté, la vie devient plus facile.

La tradition veut que, dans les villes royales comme Marrakech, Rabat, Fès ou Meknès, les jardins des palais soient ouverts au peuple. Un peu comme du temps de Versailles où il suffisait de louer une épée pour avoir accès au palais ! Au Maroc, comme chez les autres voisins de l'Algérie, nous percevons cependant la préoccupation de ne pas laisser prise à la montée de l'intégrisme. Une situation que j'aborderai d'ailleurs au détour d'une conversation avec Jacques Chirac :

– Croyez-vous, Monsieur le président, que le Maroc puisse un jour suivre la même évolution que l'Iran il y a vingt-cinq ans ?

1. Mouvement politique et armé opposé au Maroc pour le contrôle du Sahara occidental.

– Non, je ne le crois pas et cela pour deux raisons, m'expliquera-t-il. Tout d'abord parce que le Maroc compte une classe moyenne, contrairement à l'Iran avant la révolution khomeyniste. D'autre part, ce sont des pèlerins marocains qui, au XIIIe siècle, allèrent à La Mecque et en revinrent avec Hassan al Bakhil, descendant du Prophète, qui s'installa à Tafilalet, dans le sud-est marocain. C'est là que naquit la dynastie alaouite qui plus tard, au XVIIe siècle, monta sur le trône. Le roi est non seulement le souverain mais le descendant du Prophète et le commandeur des croyants. Et il n'y a jamais eu de manifestation pour exiger sa déposition comme ce fut le cas en Iran du temps du shah.

À Fès, les entretiens politiques sont suivis d'un dîner officiel au palais royal. Les voitures de la délégation française doivent stationner à l'extérieur de l'enceinte du palais dont les portes monumentales sont fermées chaque nuit. Pour les quelque trois cents mètres qui restent à parcourir à pied, les organisateurs marocains ont fait jeter des tapis, tous identiques, formant un long chemin coloré sur le sol. Le coup d'œil est magnifique.

Les jus de fruits servis sont délicieux. Dans le monde musulman, soucieux de se conformer aux usages, Jacques Chirac ne boit jamais d'alcool. Un jour, en Jordanie, une personne bien intentionnée avait prévu de la bière pour lui. Il fit savoir qu'il n'y toucherait pas.

Au Maroc, malgré le protocole royal, l'ambiance reste bon enfant. Soudain, mon homologue Si Mrini lance sur un ton enjoué : « Si nous faisions les présentations ? »

Nous voilà, lui à côté de Jacques Chirac, moi du roi, à énumérer les noms des invités. Dans ces cas-là, a fortiori quand ils sont impromptus, il vaut mieux savoir bredouiller quelques syllabes incompréhensibles plutôt que d'avouer son ignorance de l'identité d'une personnalité. Ou user de cette formule fort commode : « Je vous laisse vous présenter à Sa Majesté… »

Il m'arrive d'avoir des trous de mémoire – nous voyons tant de monde ! – et le président français n'est pas toujours physionomiste. Je me souviens par exemple du directeur de cabinet d'une de ses ministres dont il oubliait régulièrement le nom. Ce monsieur était également le compagnon de la ministre. « Qui est-ce déjà ? », me demandait le président.

« Le bon ami de madame X…

– Ah, oui, bien sûr ! »

Après Fès, la visite se poursuit à Tanger où le roi tient beaucoup à montrer le site du futur port « Tanger Med » pouvant accueillir des porte-conteneurs et censé concurrencer Algésiras. « Si le roi y tient, allons-y ! », lance Jacques Chirac avant de découvrir ce qui n'est encore qu'une friche industrielle à une vingtaine de kilomètres à l'est de la ville, pendant que son épouse est restée à Tanger où elle compte de nombreux amis.

Le samedi, à Rabat, le couple Chirac se rend d'abord au mausolée de Mohammed V qui abrite la tombe de l'ancien souverain et celle de son fils, Hassan II, devant laquelle Jacques et Bernadette Chirac se recueillent un long moment. Puis le président français prononce un discours devant le parlement marocain. Il s'est fait expliquer dans le détail les mesures en faveur des droits des femmes que Mohammed VI vient de faire adopter et en fait un éloge appuyé, ne suscitant – il faut le souligner – ni applaudissements, ni même des murmures d'approbation d'une assistance à large dominante masculine.

Le séjour se termine par une réception de la communauté française dans les jardins de la résidence de notre ambassadeur, Frédéric Grasset. J'y retrouve une amie, Paulette Brisepierre, sénatrice des Français de l'étranger, parfois surnommée « Paulette Briseguerre » pour sa propension à se porter au secours de ses compatriotes en difficulté à l'extérieur des frontières hexagonales. Doyenne du Sénat à deux reprises, originaire de Marrakech, elle est aussi connue au Maroc comme Mme « Monsieur-de-La-Fontaine », prononcé d'une traite, car elle a épousé en premières noces un M. de La Fontaine.

Alors que j'inspecte les lieux, avant le discours du président français, je la découvre, sur l'estrade, debout, quasiment collée au pupitre, manifestement décidée à se tenir le plus près possible de Jacques Chirac pour les photos.

– Paulette, je t'aime beaucoup, mais que fais-tu là ? lui demandé-je.

– Je n'ai pas l'intention de bouger, sourit-elle.

– Mais enfin, Paulette. Tu sais bien que six ministres accompagnent le président. Ils doivent figurer à ses côtés. Je vais devoir les installer avant toi.

Finalement, Paulette Brisepierre prendra sa place sur l'estrade mais… après les ministres, conformément au décret « relatif aux cérémonies publiques, préséances, honneurs civils et militaires »… et avec le sourire.

*
**

Durant les conférences franco-africaines, les marques d'amitié sont nombreuses et les effusions redoublent car les épouses des chefs d'État sont présentes. Bernadette Chirac les connaît à peu près toutes, les accueille merveilleusement et les reçoit lors d'un grand dîner donné à l'Élysée. Un jour, je me tourne vers le président pour lui demander :

« Mais qui est cette très belle femme, si élégante ?

– Vous ne la connaissez pas ? C'est Édith Bongo, la fille du président congolais Sassou-Nguesso, qui a épousé Omar Bongo. »

Blaise Compaoré, le président du Burkina Faso – le « beau Blaise » ainsi que tout le monde l'appelle –, est également le bienvenu à l'Élysée. Tout comme l'ancien président sénégalais Abdou Diouf, marié à une Française et aujourd'hui secrétaire général de l'Organisation internationale de la francophonie.

En revanche, Robert Mugabe, dont la dérive dictatoriale ne fait que s'amplifier au Zimbabwe, est maintenu relativement à l'écart.

– Prévenez-moi d'un signe discret lorsque ce sera Mugabe, me demande Jacques Chirac avant de saluer un à un ses invités lors d'un sommet franco-africain.

Vient le tour du Zimbabwéen. Alors qu'il a généreusement donné l'accolade à ses homologues, le président de la République tend, cette fois, une main distante, à un bon mètre de son interlocuteur…

La tradition des cadeaux échangés dans les relations diplomatiques est toujours respectée. Les présents sont remis soit là où réside l'hôte de la France, soit dans l'intimité. Lorsque le roi du Maroc est en visite à Paris, c'est Bernadette Chirac qui choisit elle-même les objets pour le souverain, ses enfants et ses sœurs. De la part des Marocains, les attentions peuvent être extrêmement délicates. Ainsi, à la fin du sommet de Johannesburg, le roi Mohammed VI qui, comme d'habitude, est venu avec sa suite, ses cuisiniers et son mobilier, nous fait-il apporter, avant le décollage, un couscous pour que nous le dégustions dans l'avion.

Avec les Africains, cette tradition d'hospitalité demeure forte : vous ouvrez votre maison et vous ne devez jamais donner l'impression à l'étranger qu'il dérange. Vous êtes honoré par ses cadeaux et en offrez en retour. Ils sont échangés entre chefs d'État comme entre homologues au sein des délégations. J'ai ainsi une large collection de copies d'objets d'arts premiers. Les Éthiopiens, qui ne sont pas bien riches, offrent aussi des répliques de croix chrétiennes en argent. Le chef du Protocole éthiopien, d'une grande gentillesse, m'apporte un jour une superbe ceinture de guerrier… venue tout droit du marché aux puces d'Addis-Abeba !

Grâce aux Allemands, et bien que nous nous voyions tous les mois, j'ai un lot considérable de stylos et de cravates. De mon alter ego d'outre-Rhin, Günter Knies, je reçois régulièrement un stylo Pelikan et je lui remets pour ma part un stylo Waterman…

Mais le tour des portefeuilles, des cravates et des boutons de manchette est vite fait… Comment faire preuve d'originalité ? Nous essayons toujours de trouver une attention personnelle. Je me souviens du ministre Jean François-Poncet me disant qu'il avait été touché par le geste des Allemands qui lui avaient apporté les œuvres de Goethe dont son père, lui-même diplomate, était un grand spécialiste.

Il nous arrive évidemment d'offrir des caisses de bordeaux ou de bourgogne. Lorsqu'une rencontre a lieu en province, nous exploitons les spécialités locales : le cassoulet à Carcassonne, le foie gras du Sud-Ouest ou les chocolats fins.

L'une de mes collaboratrices, plus spécialement chargée de cette tâche, en a parfois assez de chercher un présent sortant de l'ordinaire. Elle n'a pas la partie facile, d'autant qu'une pièce de l'Élysée est remplie de porcelaines de Sèvres et de services à café datant de l'époque de François Mitterrand, toujours disponibles. Des achats en nombre, sans doute parce que des crédits avaient alors subitement été débloqués pour les « cadeaux de la présidence » : il faut dorénavant veiller à écouler les stocks… Pourtant, les goûts ont changé, y compris pour les cadeaux protocolaires. Un vêtement ou un livre s'offrent désormais plus facilement. Mais l'Élysée reste encombré de porcelaines, de verreries et d'estampes d'art abstrait, à la mode il y a trente ans, dont on se sait que faire.

Jacques Chirac nous incite à avoir un peu d'imagination. « Quel cadeau allons-nous faire à untel ? », me demande-t-il. La réponse suscite souvent un « Encore ! » lassé. Parfois, il me suggère : « J'aimerais apporter un livre. Demandez à Villepin, il connaît tout cela. » Dominique de Villepin nous aiguille sur la grande librairie Vrin où certains ouvrages sont souvent à plus de mille euros…

Pour une visite d'État, le budget « cadeaux » peut aller jusqu'à quinze cents ou deux mille euros pour le chef d'État, mais pour une visite de travail, le barème se situe plutôt autour de trois cents ou quatre cents euros. Bien sûr, nous faisons petite mine face aux présents du Golfe, toujours des montres haut de gamme. Un seul les concurrence, c'est Berlusconi qui, lors d'un sommet de l'OTAN à Rome, a fait distribuer à tout le monde des montres de prix.

Les pays arabes offrent facilement une arme, ce qui n'est pas dans notre pratique, pas plus que celle d'offrir des animaux. Nous nous gardons évidemment de leur faire porter de l'alcool ou de la charcuterie alors que c'est l'usage pour des entretiens franco-allemands à Strasbourg.

Lors des déplacements officiels, un agent de l'Élysée, qui est aussi chargé de transporter les discours et leurs traductions – ce qui remplit plusieurs cartons –, fait de même avec les cadeaux. Une voiture du Service de protection des hautes personnalités est réservée à cet usage. Elle sert également à tous les impondérables du Protocole.

Depuis Nicolas Sarkozy, c'est la chefferie de cabinet qui s'occupe des cadeaux. Cela a été un soulagement pour le Protocole.

Pour les rencontres franco-africaines à Paris, il faut prévoir de « privatiser » le Palais des congrès de la porte Maillot et donc d'indemniser les commerçants qui y tiennent boutique. Même si nous nous arrangeons pour qu'un des deux jours de la réunion tombe sur leur fermeture hebdomadaire, cela reste coûteux. Comme nous l'avons évoqué avec André Gadaud, ancien chef du Protocole de François Mitterrand, je suggère que les aéroports parisiens puissent un jour servir à accueillir ces rencontres. La logistique en serait grandement simplifiée. Mais le président me met en garde :

– Vous décevriez nos visiteurs. Venir à Paris leur donne l'occasion de sortir en ville, de voir des expositions, d'aller au restaurant ou de faire du shopping.

Beaucoup de ces personnalités francophones ont aussi des enfants qui font leurs études en France et profitent de leur passage pour leur rendre visite.

Lorsque le Palais des congrès a été conçu, la sécurité n'était pas encore une obsession. Or le bâtiment est difficile à sécuriser pour une réunion de chefs d'État. Lors du Bicentenaire de la Révolution, en juillet 1989, François Mitterrand avait décidé de recevoir ses homologues au sommet de la Grande Arche de La Défense. Cela nous avait coûté cher. Privatiser le sous-sol de la Pyramide du Louvre ou le palais de Chaillot est moins onéreux.

Pour loger les délégations africaines, quatre ou cinq grands hôtels sont également réservés. Ce qui n'est pas vraiment bon marché, même si ces établissements réduisent leurs tarifs à ces occasions. Mais tous les pays du monde font de même. Il en va du prestige de chacun.

– 8 –

LE SOMMET DU G8 À ÉVIAN : UN DÉFI PÉRILLEUX

Printemps 2003

Parmi les missions et responsabilités qui incombent au Protocole, la préparation d'un sommet du G8 n'est pas la moins titanesque. Sans doute est-ce l'une des raisons pour lesquelles les pays membres ne se bousculent pas pour être la puissance invitante et voient leur tour arriver avec une certaine appréhension. Un tel événement est un défi logistique, une gageure pour la sécurité et un gouffre financier.

Nous sommes à Kananaskis, au cœur des Rocheuses canadiennes, dans l'Alberta, pour l'édition 2002 du G8 et je songe que, d'ici un an, il va falloir organiser la même chose en France… Dans ces montagnes isolées, la tâche des Canadiens a été simplifiée : ils n'ont eu qu'à entourer ce vaste « *resort* », aux chalets de bois un peu démodés, d'un cordon de sécurité. À part les ours qui perturbent parfois les allées et venues vers l'aéroport de Calgary, rien ne semble pouvoir se passer ici. Cependant, depuis le 11 Septembre, les services américains sont plus que jamais sur le qui-vive. Je me demande même s'ils ne « rapatrient » pas le président Bush tous les soirs aux États-Unis pour être sur leur territoire et, ainsi, mieux contrôler ses nuits. « On ne va pas y arriver et, pourtant, il faudra le faire », me dis-je en observant le ballet des délégations entre Calgary et ce complexe touristique distant de quatre-vingt-dix kilomètres. Les Canadiens ont installé toute la presse internationale à Calgary. Pendant la visite préparatoire, le responsable du centre de presse, nous faisant parcourir un bâtiment neuf doté d'immenses plateaux, s'est renseigné :

– Combien voulez-vous pour la presse française ? Mille mètres carrés ? Deux mille ? Plus ?

Je me prends à rêver. En France, il n'existe pas dix lieux – ce sont en général des villes balnéaires ou des villes d'eau – pour un tel événement. Je récapitule : Deauville, Biarritz, Cannes, Évian… A priori, c'est sur cette station au bord du lac Léman que le choix va s'arrêter. Au retour de Kananaskis, je fais monter une note à la cellule diplo sur les avantages et inconvénients de tel ou tel site en indiquant que Cannes est déjà le théâtre d'un rendez-vous important et qu'il faudrait sans doute dédommager les organisateurs si l'on réquisitionnait la ville. Quand je pense que quelqu'un avait un jour émis l'idée de creuser une salle sous le château de Versailles pour en faire un centre de conférences… Un projet saugrenu mais il est vrai que, malgré ses innombrables atouts touristiques, la France manque d'endroits pour recevoir un « barnum » comme le G8.

*
**

Finalement, Évian est retenu par le conseiller diplomatique et le chef de cabinet. Restent quelques mois pour résoudre cette équation : comment accueillir trois à quatre mille personnes dans une ville qui n'abrite que deux palaces, l'hôtel Royal et l'Ermitage, et comment garantir la sécurité des huit plus puissants dirigeants de la planète et des autres chefs d'État invités de manière ponctuelle dans une commune qui compte tout de même plus de sept mille habitants, le tout sur une langue de terre, entre le lac et les pentes des Alpes ? Il va falloir faire preuve d'imagination.

Plusieurs déplacements préalables ne seront pas de trop pour trouver des solutions. Nous sommes ainsi une dizaine à prendre fréquemment un hélicoptère à Villacoublay, à destination de ce chef-lieu de Haute Savoie. Notre équipe habituelle des « préparatoires » fonctionne bien. Évidemment, le secrétaire général du sommet[1], Jean-Claude Poimboeuf, et le chef de cabinet du président, Annie Lhéritier,

1. Un fonctionnaire du ministère des Affaires étrangères a été nommé pour avoir une vue d'ensemble sur le G8. Il travaille en relation étroite avec le conseiller diplomatique de l'Élysée et avec le Protocole pour l'organisation du sommet.

ont l'œil sur tout. À mon côté, un agent du Protocole prend le maximum de notes tandis que l'aide de camp, chargé des aspects militaires et aéronautiques, doit repérer les éventuels problèmes d'atterrissage et de décollage. Ici, l'aéroport de Genève va permettre ces rotations mais, lors de voyages dans des pays plus exotiques, l'aide de camp doit se préoccuper du type d'avion à emprunter, de l'endroit où le stationner durant la visite, du « *refuelling* » des réservoirs tandis qu'un transmetteur s'assure des liaisons afin que le président puisse être joint partout, à tout moment. À Evelyne Richard, responsable de la presse, est confiée la délicate mission de veiller à ce que les médias puissent travailler dans les meilleures conditions. Près de deux mille représentants de titres français et étrangers sont attendus au sommet alors que soixante journalistes seulement assistaient au premier G5[1] organisé à Rambouillet sous le septennat du président Giscard d'Estaing…

Quand Claude Chirac ne se déplace pas, c'est l'infatigable Michel Baloche, éventuellement accompagné d'un spécialiste de la télévision, qui règle tous les détails de la communication présidentielle. Il ne

1. À partir de 1975, l'idée d'une rencontre annuelle entre les dirigeants des plus grandes puissances industrielles du monde apparaît. D'abord G5 (États-Unis, Japon, France, Allemagne et Royaume-Uni) en 1975, puis G6 avec l'Italie, elle se transforme en G7 avec le Canada et en G8 avec la Russie en 1997, puis en G20 (avec les pays émergents). Le premier G20 regroupant chefs d'État et de gouvernement a eu lieu en 2008.

néglige rien, s'affairant même parfois avec une boussole.

– Dans un mois, le soleil sera exactement à cette position. Parfait pour les photos, assure-t-il en plein calcul.

Lors de la visite suivante, il examine encore le cadre des futures prises de vue et fait signe à un membre du personnel :

– Il faudrait couper quelques-unes des fleurs de cette vasque. Sinon on risque de croire, sur les photos, que la tête du président est ornée d'une couronne fleurie.

– Oui, monsieur, je vous apporte des ciseaux, s'empresse alors l'employée de l'hôtel Royal.

Lors d'une mission classique, à l'étranger, l'un des médecins de l'Élysée complète cette équipe qui s'entend admirablement bien. Certes, il peut exister des « tirages », des litiges, mais tous œuvrent au même objectif : mettre le plus d'huile possible dans les rouages du travail du président. Ce qui passe par maints détails. Hors frontières, cela consiste par exemple à inspecter la suite dans laquelle il va passer la nuit et parfois même à dormir dans « son » lit. Cela m'est arrivé à quelques reprises mais le plus souvent, lorsque la délégation est logée dans un hôtel, cela n'a pas de raison d'être, l'établissement veillant lui-même au confort des hôtes prestigieux. En revanche, les lieux sont toujours visités à fond par la sécurité et le Service de protection des hautes personnalités. À Kananaskis, au Canada, j'avais ainsi remarqué que le bandeau métallique de la cabine de douche était un peu bas et j'en avais avisé l'officier de sécurité afin que, le moment venu, il mette en garde Jacques Chirac et lui évite de se cogner la tête.

Confort et sécurité ne sont pas forcément synonymes d'ultra-classique. Ainsi, en préparant une halte à Copenhague, j'avais pensé que le président serait bien installé à l'hôtel d'Angleterre, un imposant bâtiment blanc de la fin du XIXe siècle. En fin de compte une suite lui fut attribuée dans un hôtel plus moderne, à la décoration très épurée, au point qu'il n'y avait pas la moindre table dans la chambre. J'en fis ajouter une et Jacques Chirac fut enchanté de son séjour. Cela devait le changer des décors pompeux des habituels palaces et des ors de la République.

À Évian, comme nous l'avons pressenti, notre principale difficulté est de trouver de la place. Avec le secrétariat général du G8, nous nous y employons activement tout en gardant à l'esprit les impératifs de sécurité. Après une réunion avec le député-maire, Marc Francina, nous sommes convenus de « badger » toute la population qui, au préalable, aura surtout été incitée à quitter la ville. Pour ceux qui restent, deux catégories de badges sont prévues : les premiers donnent accès au périmètre de sécurité, les autres ouvrent le saint des saints, les salles de réunion dont la principale a été spécialement aménagée au sous-sol de l'hôtel Royal. Grâce à une intense campagne de communication et sans doute aux retombées économiques attendues, le message passe bien et les habitants se montrent coopératifs.

L'hôtel Royal, qui comme l'Ermitage appartient au groupe Barrière, est le centre névralgique du dispositif. Y seront logés les chefs de chaque délégation et leurs plus proches collaborateurs. Les États-Unis réservent vite deux suites dont l'une est située au dernier étage, l'autre à l'avant-dernier, sans doute afin d'assurer une « couche » de sécurité supplémentaire. Le jour de l'arrivée, je constaterai, surpris, que la délégation américaine s'engouffre derrière les cuisines et les poubelles pour emprunter l'escalier de service. Encore une précaution de la sécurité qui juge peut-être l'entrée principale de l'hôtel trop exposée… Le reste de la délégation américaine a réquisitionné l'hôtel La Verniaz, établissement luxueux au très charmant style alpin. Malheureusement, le Splendid hôtel, qui datait de la belle époque et où Proust jouait paraît-il au tennis, a disparu.

« Mais comment caser tout ce monde ? m'interroge Evelyne Richard, responsable de la presse qui émet l'idée d'installer les journalistes dans la salle des fêtes municipale.

– Evelyne, vous rêvez…

– On y va quand même ! On ne sait jamais ! » me répond cette collègue enjouée, souriante et extrêmement professionnelle.

Un rapide aperçu des lieux confirme néanmoins que le projet n'est guère réaliste.

C'est finalement à Publier, commune voisine et riche car elle perçoit la taxe professionnelle des Eaux d'Évian, que nous trouvons les installations idoines avec thalasso, salles de sport, etc. Nous irons même jusqu'à faire couvrir l'immense piscine pour la transformer en salle de presse.

Nous avons un autre gros problème à régler. Comme pour tous ces sommets, il faut – sécurité oblige – prévoir un itinéraire de dégagement. Or il n'y a guère qu'une possibilité : la Suisse dont les autorités, à commencer par le président de la Confédération que nous rencontrons, se montrent mi-figue, mi-raisin, sachant qu'un G8 attire toujours, outre les grands de ce monde, les troupes potentiellement violentes des altermondialistes. Je ne sais plus comment nous sommes parvenus à convaincre nos amis helvètes. Pour ce qui est des dégâts prévisibles, ils ne se sont pourtant pas trompés : les « alter » casseront les belles boutiques de la rue du Mont-Blanc à Genève et déploreront un blessé grave dans leurs rangs.

Au total, près d'un quart de la totalité des forces de police et de gendarmerie françaises sera mobilisé pendant les quatre jours du sommet. Sans compter le Groupement de sécurité de la présidence de la République et le Service de protection des hautes personnalités, qui accompliront un travail exceptionnel.

Aux délégations des pays invités qui n'ont pu être logées côté français sont proposés plusieurs hôtels de Lausanne et des navettes pour traverser le lac et rejoindre Évian. Des hommes-grenouilles vont patrouiller dans les eaux franco-suisses et un embarcadère est prévu pour que Jacques Chirac puisse venir accueillir ses hôtes dès qu'ils toucheront le sol français. C'est, entre autres, le cas du président chinois Hu Jintao. Afin que n'apparaisse pas, à l'image, toute la délégation, Michel Baloche a même fait installer une passerelle dérivée où nous dirigeons les collaborateurs de chaque équipe pour ménager une image « propre » des deux chefs d'État.

Lorsque la préparation a été bien menée, il ne reste en principe au Protocole qu'à vérifier que tout se passe comme convenu et à régler des problèmes de dernière minute. Tels ces « récalcitrants » qui rechignent à quitter la salle lors de l'ouverture de la séance réservée aux seuls chefs d'État du G8, à leurs sherpas et, évidemment, à leurs interprètes. Condoleezza Rice, conseillère à la Sécurité nationale de George Bush, se conforme volontiers à ma demande. Le jeune homme qui se tient au côté du prince héritier d'Arabie Saoudite, Abdallah Al Saoud, me paraît de moins bonne composition.

« Monsieur, veuillez me suivre s'il vous plaît.

– Je ne peux pas, j'ai une boîte de médicaments destinés au prince. Je suis le seul à pouvoir les lui donner.

– Je regrette. Cette séance ne doit pas durer plus d'une heure. Vous n'avez qu'à poser les médicaments auprès du prince. S'il a besoin de vous, il me fera signe et je vous ferai entrer un instant. »

Le jeune homme s'exécute.

Je me retourne et, là, surprise ! Je remarque un homme assis en position fœtale sur une chaise, la tête entre ses bras et ses jambes repliés. Je reconnais là mon homologue chinois, grand professionnel et futur ambassadeur de Chine à Singapour, surnommé par nos collègues américains « Mr. Blink » pour sa façon irrépressible de cligner de l'œil. Je lui parle, il ne me répond pas. Je finis par le toucher, il tressaille mais ne prononce toujours aucune parole.

– Cher ami, si vous ne sortez pas, je serai obligé de faire venir la sécurité.

Sans un mot, « Mr. Blink » s'en va. Je ne saurai jamais s'il s'était vraiment assoupi ou s'il usait de ce stratagème pour tenter de passer inaperçu.

Dans ce genre d'événement, il vaut mieux avoir tout prévu, tout vérifié. Lors d'entretiens bilatéraux Chirac-Aznar, les Espagnols avaient pensé, à juste titre, que leur hôte français serait heureux de visiter le château de Gibralfaro, à Malaga. Lorsque nous nous dirigeâmes vers cette ancienne forteresse sarrasine, ce fut malheureusement pour trouver ses grilles closes. Le Protocole espagnol s'affola. Certains, parmi la délégation qui ne savait plus où aller, commencèrent à s'énerver. La chaleur s'en mêlait. Le gardien des lieux attendait en fait devant une autre entrée, plus prestigieuse à son goût. Mon collègue espagnol a dû entendre le chef du gouvernement donner de la voix…

En France, un agent du Protocole fait en principe le parcours des visiteurs dans les heures qui précèdent l'arrivée des « officiels ». À l'époque où je travaillais comme conseiller technique au cabinet de Jean François-Poncet, sous Valéry Giscard d'Estaing, j'ai connu un incident édifiant à ce sujet. Des entretiens avec le ministre des Affaires étrangères yougoslave devaient avoir lieu dans la Galerie de la paix au Quai d'Orsay.

– Mais que faites-vous ? demandai-je aux maîtres d'hôtel que je découvrais en train de dresser le couvert en pénétrant dans la salle vingt minutes avant le début de la rencontre.

– Un dîner est prévu ici ce soir, me répondirent-ils, un peu étonnés de ma question.

Il était trop tard pour tout chambouler. Je dus prévenir Jean François-Poncet.

– Il vous faudra commencer par un tête-à-tête dans votre bureau…

J'appréhendais la réaction de cet homme qui pouvait se montrer très dur mais savait aussi être extrêmement formateur. C'est ce jour-là qu'il m'a dit ce

« Vérifiez tout par vous-même et plutôt deux fois qu'une » que je n'ai jamais oublié.

*
**

À Évian, cette période du printemps 2003 est compliquée. L'invasion de l'Irak date du mois de mars et fait peser une atmosphère lourde sur les relations franco-américaines. Un signe supplémentaire de cette ambiance de plomb : la mine fermée de Condoleezza Rice. Jacques Chirac essaie pourtant de la dérider, lui sort le grand jeu et multiplie les baisemains mais le charme n'opère pas complètement…

Afin de tenter de décrisper un peu les relations, je m'arrangerai pour que George Bush, placé seulement au deuxième rang sur la photo officielle compte tenu d'une ancienneté dans ses fonctions moins importante que celle d'autres invités, soit cependant au centre du cliché, juste derrière son hôte français. Des médias américains en profiteront pour prétendre qu'il toise Jacques Chirac !

Ces photos officielles donnent lieu à un véritable déferlement de la presse. Lorsque s'ouvrent les grilles de l'hôtel Royal, des centaines de photographes et cameramen s'engouffrent dans l'allée, dans le cliquetis de leurs appareils, évoquant une « *marabunta* » – cette invasion de fourmis en Amérique du Sud – avant de s'entasser sur une estrade spéciale en gradins.

Le problème des images est toujours sensible et je me suis quelquefois chamaillé avec Claude Chirac à cet égard. Pour la formation du gouvernement Raffarin, en 2002, elle avait voulu que chaque ministre ait sa place délimitée par une feuille blanche posée au sol, de format 21 x 29,7 cm, où était inscrit son nom. Résultat, on avait l'impression que Michèle Alliot-Marie, au premier rang, était posée sur un pèse-personne blanc car, à la différence des hommes, ses escarpins ne couvraient pas le marquage au sol !

Entre le président français et les autres Européens, la qualité des relations varie. Avec Silvio Berlusconi, que Chirac peut appeler « le zozo » en privé, elles sont empreintes d'une certaine méfiance. Le président du Conseil italien, comme le chef du gouvernement espagnol, José María Aznar, sont parfois soupçonnés de ne pas jouer totalement le jeu de l'Europe. Non sans quelques raisons…

Berlusconi, en bon producteur de télévision et de cinéma, ne recule pas devant la démesure. Pour une réunion de l'OTAN à Rome, il avait ainsi fait totalement transformer une caserne. Nous avions l'impression d'évoluer dans un décor de théâtre. Une scène m'avait aussi frappé lors d'un conseil européen à Barcelone. Il faisait un peu frais et Silvio Berlusconi avait demandé son manteau. Lorsque, d'un mouvement calculé des épaules, il enfila le vêtement de cachemire sombre, encadré par ses gardes du corps, on aurait dit un parrain entouré de ses acolytes.

Une autre fois, je croise le président du Conseil

italien – il cumulait alors cette fonction avec celle de ministre des Affaires étrangères – à la villa Madama qui, dans les environs de Rome, est la résidence d'accueil des chefs d'État et ministres étrangers. Silvio Berlusconi m'explique alors qu'il l'a fait restaurer et a retrouvé les bleus qu'utilisait Raphaël.

– J'ai également offert un grand cabinet d'écaille, de bois doré et de pierres dures, poursuit-il.

Le meuble orne le mur du fond de la salle où ont lieu les conférences de presse mais n'est guère du goût de Claude Chirac.

– Paul, voyez s'ils ne peuvent pas changer de fond. C'est un peu ostentatoire.

« Claude Chirac fait ce qu'elle veut chez elle et, nous, chez nous », fut la réponse des Italiens.

D'ordinaire, les grand-messes comme le G8, les conseils européens ou les assemblées générales des Nations unies sont plutôt consensuelles. Ces « foires aux chefs d'État » sont même l'occasion de régler des problèmes rapidement. En dix minutes, une question en souffrance peut trouver une solution. Mais, à Évian, le « monde » se partage clairement en deux groupes : Français, Chinois, Russes et Allemands sont vraiment hostiles à l'entrée des troupes américaines et britanniques en Irak. Le clivage est net, et les résultats du sommet, hormis des avancées sur l'approfondissement du partenariat avec l'Afrique dans les domaines du développement et de l'environnement, seront assez minces. George Bush fait d'ailleurs le service minimum. Il a prévu de ne rester que le strict nécessaire au G8 et il lui arrive de bâiller lors des dîners. Il faut dire qu'il a pour habitude de se lever très tôt pour une prière avec son entourage et de dîner à 18 heures. L'homme, élancé, patricien, a beaucoup d'allure mais se tient un peu à l'écart. On ne le voit guère au côté de Jacques Chirac qui prend volontiers du temps avec le Brésilien Lula ou avec son vieux complice Jean Chrétien, Premier ministre du Canada depuis dix ans et qui lui offrira en guise de cadeau d'adieu une défense de narval, longtemps installée sur la table de conférence du président.

Jacques Chirac passe aussi de longs moments avec son grand ami Gerhard Schröder. Après des débuts rugueux, le président et le chancelier allemand s'entendent à merveille. Je suis toujours frappé par la qualité et la facilité des contacts entre eux et entre leurs cabinets. Vu la fréquence de nos rencontres, cela vaut mieux. Certains de ces rendez-vous sont aussi l'occasion de bains de foule. Comme Chirac, Schröder, avec son physique massif, son regard très clair et déterminé, s'y lance sans s'économiser.

Pourtant, cette amitié franco-germanique n'était pas évidente au départ. En poste à Budapest, j'avais remarqué que leur premier entretien ne s'était pas déroulé au mieux. Quand je m'en étais ouvert à mon homologue allemand en Hongrie, celui-ci m'avait répondu :

– Oh… c'est comme dans un mariage arrangé. Tu verras, ils finiront par s'entendre et même par s'aimer !

Lorsque son ami vient à Paris, Jacques Chirac ne manque jamais de me dire :

– Vous n'oubliez pas, Paul, que le chancelier raffole des fruits de mer.

Le message est transmis à l'intendance de l'Élysée. Un autre rituel vient immanquablement ponctuer leurs retrouvailles : le coup de téléphone à Doris, la quatrième épouse du chancelier, une ancienne journaliste.

– Allô, Doris ? lance Jacques Chirac, que la perspective d'un dîner décontracté rend d'humeur badine. Vous savez, Gerhard est bien là, avec moi. Je vous le garantis. D'ailleurs, je vous le passe.

Cet appel est devenu un sujet de plaisanterie entre eux.

Un jour, le chef du gouvernement d'outre-Rhin me remet dans son bureau, devant le président de la République et le Premier ministre, Jean-Pierre Raffarin, la croix fédérale du Mérite allemand, distinction honorifique créée en 1951 par la RFA. Mais, lorsqu'il veut me passer la cravate de commandeur autour du cou, il n'y parvient pas. Le ruban ne franchit pas le tour de tête. Il insiste, peine perdue. Je finis par lui dire :

– Monsieur le chancelier, je crois qu'il faut d'abord décrocher l'agrafe.

J'ai été très touché qu'il pense à ce geste alors que, d'habitude, il ne s'occupe pas des décorations, rôle dévolu, outre-Rhin, au président de la République fédérale.

Avec Tony Blair, le courant passe moins bien. Fabuleusement intelligent, véritable animal politique, le Premier ministre britannique ne rompt évidemment pas avec l'atlantisme de la Grande-Bretagne qui, bien que nation européenne, reste toujours attirée par le grand large.

*
**

« Quand vous voulez faire plaisir, allez jusqu'au bout et ne vous économisez pas » : telle est l'une des règles de conduite que nous répète Jacques Chirac. Il se l'applique volontiers, comme en cette fin de G8. Le sommet est terminé, ses homologues sont dans leurs avions, et lui assure encore le « service après-vente » en remerciant le député-maire Marc Francina, les élus locaux, la population d'Évian ainsi que les Savoyards, et en visitant une exposition sur les paysages et le sentiment romantique aux Thermes d'Évian.

– 9 –

Elizabeth II superstar

Avril 2004

Dans les salons de l'Élysée où se pressent tous ceux « qui comptent » dans la République – politiques, patrons du CAC 40, artistes en vue, journalistes en cour – les huissiers commencent à discrètement regrouper les invités selon leur « rang ». Bientôt vont débuter les présentations à la reine et, selon l'ordre protocolaire, ce sont d'abord les invités les moins importants qui doivent venir saluer Elizabeth d'Angleterre. La France et la Grande-Bretagne célèbrent le centenaire de l'Entente cordiale. Les hommes sont priés d'incliner la tête, et non le buste. Les femmes ont à esquisser une révérence. Le défilé touche à sa fin. Deux cent cinquante personnalités, annoncées par l'huissier en chef – qu'on appelle l'aboyeur –, sont déjà passées, dans l'ordre, devant le président, la reine, le prince Philip et Bernadette Chirac lorsque arrive le tour du président du Sénat, Christian Poncelet, qui, sous quelques regards médusés, plonge dans une révérence inattendue. Il est bientôt l'heure de se diriger vers l'immense table en forme de fer à cheval qui a été dressée dans la Salle des fêtes et se prolonge dans le jardin d'hiver et le Salon Napoléon III. Pour permettre de placer un plus grand nombre de couverts, les menuisiers de l'Élysée ont même réussi à prolonger les deux branches du « U » en les recourbant.

Les invités vont pouvoir prendre place à cette magnifique table où Julien Moulié, fleuriste de l'Élysée, a arrangé un dégradé de bouquets de roses. Rouge sang aux extrémités, les fleurs s'éclaircissent au fur et à mesure pour devenir d'un blanc immaculé devant la reine, qui porte une robe de la même couleur. Bernadette Chirac a revêtu une robe splendide, d'un rouge orangé poudré de chez Jean-Louis Scherrer. Superbement coiffée et maquillée, elle a l'air très heureuse. Elle est à son affaire. Elle a même trouvé un tableau représentant la signature du traité de 1904, entre Édouard VII et Émile Loubet, qui est exposé à l'entrée de la Salle des fêtes. Dans les autres salons ont été disposées des photos des précédentes visites de l'héritière des Windsor.

Quelque temps auparavant, le président m'avait prévenu :

– Comme vous le savez, ma femme sort d'une campagne difficile pour les élections cantonales en Corrèze. Afin de se changer les idées, elle aura sans doute grand plaisir à s'occuper du dîner d'État donné pour la reine.

Effectivement, Bernadette Chirac a suivi de près l'élaboration de la liste des invités. C'est simple, tout Paris faisait des pieds et des mains pour en être ! La couronne britannique garde un pouvoir d'attraction extraordinaire. En règle générale, pour une réception « ordinaire », un tiers des invités se font excuser, mais là il ne fallait s'attendre à aucune défection. Mes collaborateurs ont essayé de ménager les susceptibilités et, lorsqu'ils avaient un doute, ils m'en parlaient afin de trouver une solution. Mais le casse-tête virait parfois à l'insoluble.

Chacun a présenté ses exigences. La reine a fait savoir qu'elle aimerait que des rugbymen anglais évoluant dans des clubs français soient conviés. Du coup, on a ajouté quelques joueurs français, dont l'ex-capitaine de l'équipe tricolore, Abdelatif Benazzi, lequel venait de terminer sa carrière dans le club londonien des Saracens. Il nous a confié que sa femme mourait d'envie de venir… Ce n'était pas possible : seules les épouses des membres de la délégation britannique et les femmes de ministres ou de personnalités incontournables s'imposaient. Sinon, la place allait manquer. Un soir, bien après cette cérémonie, en sortant de l'Opéra, j'ai rencontré le couple Benazzi au café de la Paix. Nous avons reparlé de ce fameux dîner. « J'aurais dû céder ma place à madame Benazzi et rester debout », pensai-je alors, en regrettant de ne pas l'avoir fait.

De son côté, Mme Chirac a ses invités personnels : les membres de sa famille, côté Chodron de Courcel, tous gaullistes de la première heure et dont un cousin, Geoffroy, s'est illustré en étant le premier aide de camp du général à Londres. Il y a aussi Bethy Lagardère, Laure de Beauvau-Craon, présidente de Sotheby's, etc. Les couples Pinault – Maryvonne Pinault a ses habitudes à Londres – et Arnault sont évidemment là. Charlotte Rampling, Jean-Claude Brialy, le chanteur Murray Head, la journaliste Arlette Chabot sont également présents. Claire Chazal, très habillée, porte une robe de bal à traîne que Philippe Torreton piétine allègrement tandis que Jane Birkin, en décolleté, se plaint du froid. On fait baisser l'air conditionné…

« Cravate noire, uniforme, robe longue », a-t-il été inscrit sur les invitations. Jacques Chirac détestant porter l'habit, les hommes sont en smoking. Au grand dam de plusieurs membres de la famille royale anglaise qui aiment porter leurs décorations. Une heure avant la réception, j'ai reçu un coup de téléphone de Philippine de Rothschild, propriétaire de Château Mouton, qui voulait arborer sa Légion d'honneur mais n'avait pas de ruban rouge. « Puis-je mettre le grand modèle sur mon caraco noir ? » me demande-t-elle. Je lui ai répondu que le rouge et le noir iraient très bien ensemble.

Finalement, c'est un petit monde. Bernadette Chirac connaît presque toutes les têtes présentes. Antoinette Seillière, l'épouse d'Ernest-Antoine, toute menue, tient à être prise en photo entre ces deux grands gaillards que sont Abdelatif Benazzi et David Douillet. Quelques femmes, élégantes, ont choisi une robe noire. Ce qui n'est pas une faute d'étiquette car, contrairement à ce que relatera *Paris Match*, si une telle couleur n'est pas admise à la cour d'Angleterre, cette règle ne vaut pas en France.

Certes, pour un déplacement royal, l'étiquette est lourde mais l'ambiance reste chaleureuse. C'est la quatrième visite d'État en France d'Elizabeth II qui a mis un point d'honneur à se déplacer pour chaque président français depuis René Coty, à l'exception de Valéry Giscard d'Estaing qu'elle a accueilli à Londres. En 1957, pour son premier voyage, un feu d'artifice, offert par la Ville de Paris, avait même été tiré sur la Seine et les riverains avaient été priés d'illuminer leurs appartements. Le spectacle était, paraît-il, grandiose.

Pour mettre au point ces trois jours de cérémonies, j'ai consulté à plusieurs reprises le *Manuel à l'usage de l'agent du Protocole*, édité en 1997. Une mine d'informations qui couvre tous les cas de figure, des « préséances à Paris et en province » aux « règles de correspondance et d'appel ». Des croquis permettent également de savoir comment disposer les troupes sur le tarmac d'Orly ou de Roissy pour accueillir un chef d'État ou exposent les multiples configurations de tables à l'Élysée – en fer à cheval, en cercle, en long – pour un dîner d'État. On y trouve le nombre de motocyclistes à prévoir – cinq de jour, trois de nuit – pour l'escorte d'une visite officielle. Certes, le Service de protection des hautes personnalités et mes collaborateurs connaissent tout cela par cœur, mais je tenais à être au courant moi aussi.

Toujours dans ce manuel, il est précisé que les cadeaux sont échangés à l'issue du premier entretien. Ils doivent être présentés ouverts et sont remballés par la suite. S'agissant des décorations, « le chef d'État visiteur reçoit la grand-croix de la Légion d'honneur, son épouse la grand-croix du Mérite ». Quant au « tableau des corrélations entre l'appel, le traitement et la courtoisie », il ne sert plus beaucoup. Hormis pour le pape et les souverains, l'emploi de la troisième personne se perd. Il est plus utile de savoir que le prince Aga Khan déteste qu'on fasse précéder son nom de son prénom, Karim, puisqu'il est l'unique chef des ismaéliens. Un paragraphe concerne les « messages de survol », que, par courtoisie, un chef d'État envoie lorsqu'il passe au-dessus d'un pays étranger en avion. C'est toujours l'usage, encore faut-il ne pas oublier de modifier le nom de la personnalité en cas de changement politique car les formules sont prérédigées… Le décret du 13 septembre 1989, mis à jour en 1995, « relatif aux cérémonies publiques, préséances, honneurs civils et militaires », n'est pas à négliger non plus.

Après le dîner, les Chirac et leurs invités de marque se retirent dans le Salon des Ambassadeurs. Assez rapidement, je remarque un ballet devant cette pièce : tout le monde veut y entrer pour approcher la reine. Nous nous efforçons, avec l'aide des huissiers, d'organiser un « barrage » et de tenir les plus déterminés à distance. L'amiral Philippe de Gaulle s'avance. Je m'efface, en faisant signe aux huissiers de le laisser entrer. Mais il me glisse, en reculant :

– Non, non, ce n'est pas la peine. Je sais que ce salon est réservé aux ministres.

Une délicatesse rare.

Tout est donc très codifié. Les visites précédentes nous inspirent pour élaborer le programme mais il faut aussi s'efforcer de trouver un événement original. Cette fois, c'est une visite du site d'Airbus à Toulouse qui a été retenue pour le déplacement en province.

*
**

Comme pour la plupart des voyages d'État, la reine est arrivée un lundi en début d'après-midi, le 5 avril 2004, et doit repartir le mercredi 7. Première originalité, elle a choisi de traverser la Manche avec un Eurostar et non à bord d'un avion puis d'un hélicoptère qui se serait posé en face des Invalides, comme c'est l'usage. Il a donc fallu prévoir d'envoyer un ministre pour l'accueillir à la gare du Nord avant que la République lui rende les honneurs civils et militaires sur les Champs-Élysées. Au Secrétariat général du gouvernement, le choix s'est arrêté sur le ministre de l'Éducation nationale, Gilles de Robien. Pour Sa Majesté, le vicomte de Robien semblait parfaitement approprié…

Nous n'avions pas prévu que, pour honorer la reine et le duc d'Édimbourg, les conducteurs de l'Eurostar feraient du zèle et mèneraient leur train à destination avec un petit quart d'heure d'avance. Apprenant cela, je m'étais précipité au secrétariat du président pour suggérer d'accélérer la cadence. Garde républicaine, passage des troupes en revue, hymnes nationaux : la France avait sorti le grand jeu et un beau soleil sur les Champs-Élysées, entre les Chevaux de Marly et l'avenue Gabriel. En présence de la reine d'Angleterre, toutes les femmes portaient évidemment des chapeaux. Celui de Bernadette Chirac, dessiné par John Galliano, allait susciter des commentaires… contrastés. Sans doute pour « déstructurer » l'accessoire, le couturier avait dû donner un grand coup de ciseau dans son modèle, laissant percer des tiges de paille anarchiques.

Visite d'État oblige, ce ne sont pas moins de deux cents militaires des trois armes – l'armée de terre, l'armée de l'air et la marine – qui ont rendu les honneurs. Une cérémonie qui demande de l'espace…

Le président et son invitée ont ensuite remonté les Champs-Élysées en voiture découverte. Bien que le Protocole britannique ait indiqué que Sa Majesté aimait circuler à bord de sa Rolls-Royce, la DS

Citroën carrossée par Farina et utilisée par le général de Gaulle a été ressortie des garages de l'Élysée. « Après tout, nous sommes en France ! », ai-je pensé. Bernadette Chirac, qui aura l'occasion d'emprunter la Rolls, me dira plus tard :

– Vous savez, cette auto est extraordinaire. Grâce à sa structure supérieure en verre et à des sièges rehaussés, elle offre une vision à 180°.

Cet après-midi, encore tout frais, m'occupe l'esprit lorsque Jane Birkin, à la fin du dîner, sort une cigarette de son sac. Remarquant qu'elle n'a pas de feu, je lui offre un briquet souvenir de l'Élysée.

Le lendemain, le programme officiel de la « visite d'État en France de Sa Majesté la reine Elizabeth et de Son Altesse royale le prince Philip, duc d'Édimbourg » s'ouvre sur une représentation du Cadre noir de Saumur à la caserne des Célestins – la reine, qui aime les chevaux, est ravie –, puis se prolonge par une réception à l'Hôtel de Ville. Lors des préparatifs, le Protocole royal nous a indiqué qu'il serait bon de prévoir une séquence « vie quotidienne des Parisiens », la visite d'un marché peut-être… Nous avons donc décidé de montrer aux Anglais le marché de la rue Montorgueil, près des anciennes halles de Paris. Ils ont approuvé. Nous n'imaginions pas ce qui nous attendait…

En plus des habituels services de sécurité, la police municipale est chargée de contrôler les lieux, les commerçants, etc. Quelques jours avant le jour J, j'ai commencé à entendre à la radio des reportages qui ne me plaisaient qu'à moitié. Les médias faisaient monter la mayonnaise, demandaient aux commerçants ce qu'ils avaient l'intention de préparer et d'offrir à la reine pendant sa visite… Un confiseur expliquait qu'il proposerait sa spécialité de Pâques. Un autre vantait ses fromages. Je voyais déjà la reine au milieu des cochonnailles… Et, de fait, aujourd'hui, cette halte rue Montorgueil prend très vite une drôle de tournure.

Lorsque Elizabeth II descend de voiture, les commerçants sont déjà sortis sur le pas de leur porte, les clients et les badauds s'agglutinent. La rue est quasiment bloquée par cette affluence. Un chocolatier s'approche et présente à la reine un plateau : « Voulez-vous goûter mes œufs de Pâques ? » La reine, la main gantée, se saisit d'un chocolat avant de discrètement le glisser à une personne de sa suite. La « brève visite d'un marché parisien » et la « traversée à pied de la rue Montorgueil » risquent de se transformer en bain de foule forcé, improvisé et incontrôlé, exercice peu prisé par la souveraine. Rien de bon en perspective, d'autant que la police municipale, qui n'a pas prévu de barrières, pourrait vite être débordée. Heureusement, les services de Sa Majesté ont compris la situation. La reine fait quelques saluts de la main en bas de la rue et ne s'attarde pas. Une clameur de déception monte de la foule. Le cortège repart en direction de l'église Saint-Eustache, avec une légère avance sur l'horaire. Il aura tout le loisir d'admirer les grandes orgues. Cela est mieux ainsi.

Toulouse, le mercredi, est le temps fort de cette visite. Mme Chirac, le garde des Sceaux, Dominique Perben et Philippe Douste-Blazy, qui vient de démissionner de son mandat de maire pour devenir ministre de la Santé, accueillent la reine dans la Ville rose. Qu'il ne soit plus maire n'a pas empêché Douste-Blazy de bien faire les choses. Les Toulousains saluent avec enthousiasme la silhouette royale dont la toilette entièrement mauve est complétée par un chapeau orné d'un bouquet de violettes, hommage à la ville qu'elle visite. Le duc d'Édimbourg, lui, s'est levé à 6 heures du matin pour prendre un avion à destination de Millau. Avant de nous rejoindre à Toulouse, il tient absolument à découvrir le viaduc dont le chantier s'achève.

Après un déjeuner dans la Salle des Illustres, au Capitole, il reste la visite d'Airbus. Mon homologue britannique m'a cependant glissé que, auparavant, « Sa Majesté souhaitera, comme elle en a l'habitude, remercier toutes les personnes qui ont travaillé à ce voyage ». Présentés par son médecin privé qui, on ne sait pourquoi, joue le rôle d'introducteur, nous voici donc à défiler devant elle et le prince Philip. Je suis le premier, j'incline la tête et repars avec une photo encadrée et dédicacée, plus un coupe-papier à son effigie. Un « petit souvenir », ajoute-t-elle. Suivent mes collaborateurs, des fonctionnaires territoriaux, les officiers de sécurité. Chauffeurs et femmes de chambre vont fermer la marche. Tout cela se déroule évidemment en français, langue que la souveraine maîtrise à la perfection.

Le site d'Airbus, dans la banlieue toulousaine, s'étend sur des kilomètres. Voir tout le personnel réuni dans un immense hangar est impressionnant. Le géant de l'aéronautique est le symbole de la coopération européenne, de la coopération franco-britannique, et une *success story* de l'industrie française. Accueillie par Noël Forgeard, le président d'Airbus industries, Elizabeth II se voit présenter un moteur Rolls-Royce et le fuselage du futur très gros-porteur A 380. Puis elle baptise l'avion commandé par Richard Branson, le P-DG de Virgin.

À tous les instants de cette visite, la reine a magnifiquement « fait le job », comme on dit. Attentive, intéressée et énergique.

*
**

Certes, le protocole a tendance à s'alléger et se simplifier mais le respect de certaines règles importe. Les usages étaient déjà codifiés, semble-t-il, dans l'égypte des pharaons et chez les Perses achéménides. À Persépolis[1], capitale de la fête du printemps

1. Cité perse dont la construction commença en 521 avant J.-C. et qui fut détruite par Alexandre le Grand en 331 avant J.-C.

« Norouz », l'empereur recevait l'hommage des vassaux de l'empire : rois, gouverneurs, satrapes et grands feudataires. Quand vous gravissez les marches de l'escalier qui mène à l'Apadana, vous pouvez voir tous ces dignitaires représentés : les préséances y sont sculptées et gravées à jamais dans la pierre.

Deux millénaires plus tard, les usages et les rites n'ont guère changé lorsque Louis XIV écrit dans ses *Mémoires* : « Ceux-là s'abusent lourdement qui s'imaginent que ce ne sont là que des affaires de cérémonie. Les peuples, ne pouvant pénétrer le fond des choses, règlent d'ordinaire leur jugement sur ce qu'ils voient au-dehors et c'est le plus souvent sur les préséances et leur rang qu'ils mesurent leur respect et leur obéissance. »

Les rites se perpétuent. Avec, parfois, quelques relâchements. Dans les années 1990, lors d'un voyage de retour de Russie, j'avais assisté à une bataille d'appuis-tête à l'arrière de l'avion réservé à la délégation et à la presse. Les journalistes étaient déchaînés, criant « Les patrons, avec nous ! » à l'adresse des chefs d'entreprise assis à l'avant. Quant à l'officier de sécurité d'Alain Juppé, torse nu, il secouait une bouteille pour arroser l'assistance de champagne.

Finalement, pourquoi déployer ces fastes et cet apparat pour les hôtes de la France au XXIe siècle ? La reine Elizabeth a-t-elle besoin qu'on lui serve encore un grand dîner à l'Élysée ? N'est-elle pas lasse de tout ce décorum ? J'ai tendance à répondre à ces questions par une réflexion très simple : si vous invitez des amis chez vous, soignez-les, ne mégotez pas sur la dépense. Si c'est pour leur servir des pommes de terre bouillies, renoncez-y ! Quelle que soit la personnalité reçue, la France se doit de lui réserver le meilleur traitement. Lorsque l'Élysée sert une entrée à la reine d'Angleterre, c'est une belle tranche de foie gras décorée d'une truffe entière.

L'hôte de la République doit être bien installé, qu'il soit reçu dans une résidence de l'État ou qu'il séjourne dans la suite d'un grand hôtel où sa note est prise en charge par la France, comme cela se pratique dans tous les pays du monde. Certes, ces lois de l'hospitalité peuvent conduire assez loin… Un jour, le roi d'Afghanistan[1] demande à se faire soigner à Paris, au Val-de-Grâce, et s'installe avec sa suite à l'hôtel Regina qui donne sur la place Jeanne-d'Arc, le long de la rue de Rivoli. Son séjour se prolonge : une semaine, puis deux, puis trois… Bien entendu le roi d'Afghanistan ne déjeune ni ne dîne tout seul : amis et partisans partagent ses repas… Tout ce monde prend pension au Regina… aux frais de la République.

Je finis par interroger l'un de mes collaborateurs qui me met en contact avec le médecin du Val-de-Grâce.

1. Zaher Shah, qui a régné de 1933 à 1973, est décédé à Kaboul à l'âge de quatre-vingt-douze ans le 30 juillet 2007.

« Que se passe-t-il, docteur ? Ces soins vont-ils encore durer longtemps ?

– Vous savez, ce dont le roi souffre, c'est de vieillesse. Comme nous ne pouvons pas le guérir, nous lui disons de revenir la semaine suivante.

– Écoutez, cela nous coûte vraiment trop cher. Peut-être pourriez-vous, lors de sa prochaine visite, lui dire que, maintenant, il se porte à merveille, que tous les examens nécessaires ont été pratiqués et qu'à condition de suivre son régime, il peut rentrer en Afghanistan ?

– Très bien, je comprends tout à fait. »

Le médecin a reçu le message, et nous décidons bientôt d'affréter un avion de la République pour signifier poliment au roi qu'il est temps de regagner son pays…

À une autre occasion, une délégation d'un pays arabe descend à l'hôtel Raphaël, près de l'Arc de triomphe. Des factures de blanchisserie, d'un montant stupéfiant, nous parviennent. J'interroge la propriétaire de l'hôtel :

« Mais que se passe-t-il ? Leur changez-vous les draps plusieurs fois par jour ?

– Non, mais la délégation aime prendre un petit cognac le soir puis se fait apporter quelques autres bouteilles. Le terme "blanchisserie" n'est, c'est vrai, peut-être pas très adéquat », me répond-elle.

Pour en revenir au « décorum » déployé en général, il peut paraître superflu. C'est tout le contraire. Si une belle réception n'est pas organisée, l'hôte de la France pourra en prendre ombrage. Je me souviens que, lorsque j'étais à la tête de la direction de l'Europe continentale, Edouard Balladur, alors à Matignon, avait fait venir le Premier ministre d'un pays balte pour discuter avec lui de la conclusion d'un « Pacte de stabilité ». Le rendez-vous était prévu autour de midi. J'avais interrogé son conseiller diplomatique :

– Il le retient bien à déjeuner ?

– Ah non. Ce n'est pas prévu, m'avait-on répondu.

– Ce n'est pas sérieux. On ne fait pas déplacer quelqu'un à Paris pour une heure d'entretien sans lui servir quelque chose ! avais-je répliqué.

C'est finalement Alain Juppé qui avait invité la personnalité au Quai d'Orsay…

Faire en sorte que l'ambiance soit chaleureuse, marquer des égards n'est jamais vain. Cela permet de créer un climat de confiance, propice à la discussion. Un repas n'est pas seulement destiné à se nourrir mais aussi à échanger sur divers sujets. À la table des négociations, lorsque vous êtes munis de crayons et de stylos, l'atmosphère peut se tendre. La conversation sera toujours plus fluide autour de plats raffinés et de bons vins. L'histoire dit que Talleyrand à qui l'on demandait, au Congrès de Vienne, s'il avait besoin de collaborateurs supplémentaires, répondit du tac au tac : « Qu'on m'envoie simplement mes casseroles, cela me suffira ! »

Plus près de nous, Maurice Couve de Murville, ministre des Affaires étrangères puis Premier ministre du général de Gaulle, savait de façon subtile, dit-on, moduler son ton de voix à table. « Reprendrez-vous un peu de veau ? », demandait-il aimablement à un hôte qu'il respectait. Mais si son interlocuteur l'agaçait ou n'avait pas l'heur d'être un ami de la France, sa voix devenait glaciale : « Du veau ? », grommelait-il sans même attendre la réponse.

Quand j'étais ambassadeur à Budapest, le ministre de la Culture hongrois, qui parlait très bien français puisqu'il avait préparé sa thèse sur les langues tahitiennes à Papeete, me taquinait lorsque je l'invitais à déjeuner :

– Si tu me servais du Meursault-Charmes, je viendrais avec plaisir.

Le bourgogne premier cru faisait son effet. Et je savais que si j'avais un service à lui demander, il me rendrait la pareille.

Au fil du temps, les menus se sont cependant allégés. Lors de la venue à Paris du tsar Nicolas II en 1896, au cours de laquelle il inaugura le pont Alexandre-III, un après-midi entier fut, paraît-il, consacré au repas officiel et ponctué de dizaines de mets, trous normands et divertissements. Ce fut l'un des plus somptueux repas de tous les temps. Aujourd'hui, un déjeuner – entrée, plat, dessert – est servi en une heure et, après un dîner d'État à l'Élysée, les invités sont rentrés chez eux à 23 heures.

Les autres pays ont également coutume de soigner ces marques de respect. La Chine est particulièrement attentive à la réputation de sa gastronomie. En revanche, je me souviens que pour la conférence de Monterrey, au Mexique, un petit déjeuner très matinal, vers 6 h 30, était organisé par George Bush. À ma grande surprise, c'est la formule du buffet qui avait été retenue. Je demandai à Jacques Chirac s'il souhaitait qu'un maître d'hôtel lui apportât quelque chose à sa table. Il fit signe que non, se leva et se dirigea vers le buffet pour ne pas froisser son hôte.

« Quand vous voulez faire plaisir, faites-le jusqu'au bout… » À ce propos, le président décida un jour de remercier l'infirmière de l'Élysée en lui proposant de nous accompagner lors d'un voyage à Tahiti. L'infirmière était ravie. Il faut dire que dans une « boutique » comme l'Élysée, elle ne comptait pas son temps. Soit quelqu'un s'était blessé en tombant d'une estrade, soit un garde s'était fait mordre par un chien : c'était incessant. Pendant tout le déplacement, le président veilla à ce que cette collaboratrice fût bien traitée et récompensée de sa constante disponibilité.

Jean-Luc Sibiude, un ami proche, ambassadeur en Libye, m'a raconté que Nicolas Sarkozy, alors ministre d'État, ministre de l'Intérieur, avait effectué une visite dans ce pays le 6 octobre 2005, en pleine période de ramadan. Il n'y avait donc pas eu de déjeuner. En revanche, un dîner était prévu dès la rupture du jeûne.

Au milieu de l'après-midi, Nicolas Sarkozy avait lancé :

– Bien, nous avons vu le Guide, mon homologue et mes compatriotes. Maintenant, on s'en va !

Mon ami s'était alors précipité sur Claude Guéant pour lui dire :

– Écoutez, débrouillez-vous mais il faut absolument que le ministre d'État assiste au dîner. Il faut qu'il prenne le temps de s'asseoir et de manger, ne serait-ce que l'entrée. Sinon, les Libyens croiront qu'il n'attache aucune importance au dîner de rupture de jeûne de l'Iftar et qu'il désavoue tout le travail préparatoire qui a été fait par l'ambassade de France.

Il réussit à convaincre Claude Guéant et à faire changer d'avis Nicolas Sarkozy. Le geste fut apprécié.

Tous ces usages protocolaires façonnent la symbolique d'une visite. Et il ne faut jamais perdre de vue que tout compte.

– 10 –

Le 60e anniversaire du Débarquement

Juin 2004

Le soixantième anniversaire du Débarquement en Normandie sera l'occasion d'exprimer la reconnaissance de la France aux Alliés, au premier rang desquels figurent bien entendu les Américains, les Canadiens et les Britanniques. L'organisation d'un tel événement n'est pas loin d'être aussi complexe que celle d'un G8.

Le matin du jour « J », le 6 juin 2004, je me réveille à l'aube en sachant que le programme de la journée est extrêmement serré. Parmi les multiples tâches assignées au Protocole, l'une est de taille : faire en sorte que toutes les délégations qui commémorent, chacune de son côté et sur différents sites de la Normandie, leur engagement dans la libération de l'Europe soient installées avant 15 h 15 à Arromanches pour la cérémonie internationale qui doit être retransmise par TF1, en direct et en Mondovision. Les spécialistes de l'audiovisuel n'ont cessé de me le répéter : pas question de ne pas respecter les horaires.

Et pourtant… Dès le matin, les choses s'engagent mal. Nous sommes arrivés aux aurores et sans encombre à Colleville – « Omaha Beach » –, via l'aéroport de Caen-Carpiquet, pour une première cérémonie franco-américaine, alors que les Américains doivent, eux, se poser à Deauville. Cette fois-ci, contrairement à ce qui s'est passé lors de la venue de George Bush deux ans auparavant, il ne pleut pas mais Deauville est enveloppé d'un épais brouillard qui empêche l'avion d'atterrir.

En début de matinée, nous accusons une heure de retard… Jacques Chirac, qui a toujours en tête que l'exactitude et la ponctualité sont l'alpha et l'oméga du protocole, se tourne vers moi :

« Paul, les Américains ne sont toujours pas là ! Prévenez les responsables de la restauration : qu'on supprime le fromage au déjeuner ! Nous gagnerons un peu de temps !

– Très bien, monsieur le président. Je les appelle. »

Cinq minutes plus tard, il me souffle :

– Demandez aussi que le service soit accéléré !

Dans l'ancien château des Ducs de Normandie, occupé un temps par Guillaume le Conquérant et qui abrite désormais la mairie de Caen, où doit être servi le déjeuner, les maîtres d'hôtel comprennent que leur temps sera minuté. Mais ils réussiront l'exploit de servir trois cents couverts – entrée, plat, dessert, café – en quarante minutes. Certes, en retirant parfois les assiettes avant que les invités aient terminé, mais l'objectif est atteint.

Dans l'après-midi, Beatrix, reine des Pays-Bas, avec qui j'échange quelques mots dans l'autobus affrété pour nous conduire à Arromanches, me confie qu'elle et deux ou trois autres convives ont tout de même réussi à se faire apporter du « fromage de France ». Je lui fais part de nos difficultés horaires. Pleine de tact, compréhensive, elle me rassure : « Ne vous en faites pas, il y a toujours des impondérables. »

À Arromanches, la reine Elizabeth – la plus ancienne dans la fonction de chef d'État – a le privilège de prendre place en dernier dans l'espace prévu, en plein air, pour cet hommage à tous ces hommes, souvent jeunes, venus de loin pour libérer la terre de France. Le retard de la matinée a été rattrapé à dix minutes près… La souveraine et le prince Philip viennent de s'asseoir quand, à ma stupéfaction, je découvre qu'un cameraman crasseux, en short, coiffé de dreadlocks et chaussé de sandales, promène sa caméra à quarante centimètres du visage de la reine, provoquant un mouvement d'agacement chez le duc d'Édimbourg. Je m'interpose et tente de l'éloigner un peu.

« Touche pas à ma caméra ! me lance-t-il aussitôt.

– Si tu continues, toi, tu vires », lui rétorqué-je, prêt à joindre le geste à la parole.

L'homme obtempère en maugréant.

Le prince Philip n'a rien perdu de l'altercation et m'adresse un petit signe d'assentiment. Au même moment, mon téléphone vibre.

– C'est Claude. Paul, faites attention, vous êtes à l'image en direct, me prévient, amusée mais vigilante, la fille du président qui surveille la retransmission de la cérémonie.

De retour à Paris, j'expliquerai aux responsables de la communication et de l'image que, dorénavant, les techniciens devront porter un haut, chemise ou polo, sombre, un pantalon et des chaussures fermées. Exit les gens dépenaillés dans les cérémonies officielles.

*
**

La cérémonie internationale peut commencer. Elle se déroule sur la falaise d'Arromanches transformée en place d'armes où a lieu le défilé des troupes à pied, suivi par le défilé aérien et la présentation navale. Après les trois armes, débute le spectacle organisé par le scénographe Daniel Charpentier. Onze panneaux, comme autant de portes ouvertes sur la mer, montrent des images du Débarquement dans le bruit assourdissant des bombardements aériens. Suit un ballet de comédiens habillés de noir, symbolisant les années de guerre 1939-1945.

Patricia Kaas leur succède et entonne un très beau et vibrant *Hymne à l'amour*. Le temps s'est mis à fraîchir. Je me dis que la chanteuse d'origine lorraine doit avoir froid : magnifique, elle porte une très légère robe de dentelle… Puis les comédiens refont leur apparition et offrent un bouquet de fleurs à chacun des quatorze vétérans qui viennent d'être décorés de la Légion d'honneur tandis que la Patrouille de France survole la place d'armes en lâchant de grandes traînées blanches. Il est temps de retourner à Caen.

La cérémonie de la fin d'après-midi suscite quelques appréhensions. Nous craignons que, parmi le public, certains se mettent à siffler au passage de la délégation allemande. Ce sera la première fois en effet qu'un chancelier allemand participera aux cérémonies commémorant le Débarquement allié de 1944 et prononcera un discours devant le Mémorial de Caen. Qu'il soit hué et toute la symbolique de cette journée, hommage au sacrifice mais également à la réconciliation, en serait abîmée. Venus en repérage, les Allemands ne nous ont pas caché qu'ils avaient peur que des « Boches ! » ou « Schleus ! » soient lancés sur le passage du chancelier. Nous avons répercuté cette préoccupation auprès des maires et députés locaux afin qu'ils fassent œuvre de pédagogie auprès de la population et des enfants des écoles.

Rien de tel heureusement ne se produit et, quand Gerhard Schröder prononce son discours, le silence et le respect s'emparent de la foule. Le chancelier évoque la figure de son père, soldat de la Wehrmacht tombé en Roumanie en 1944 et dont les restes n'ont été identifiés que récemment. Il parle aussi d'Oradour et de la folie des hommes. À la fin, il est applaudi à tout rompre et je suis heureux que rien ne soit venu perturber son message.

Entre-temps, on m'a prévenu d'un petit incident. Un aristocrate allemand, survivant du groupe qui monta l'attentat manqué contre Hitler est là, accompagné de sa femme. Un homme très âgé, évidemment, qui, me dit-on, commence à souffrir de la chaleur et de l'attente. « Faites-les asseoir, donnez-leur un rafraîchissement », dis-je aussitôt.

Après le départ du chancelier et de la délégation allemande, la journée s'achève par un dîner de travail entre Jacques Chirac et Vladimir Poutine à la préfecture de Caen. Une façon de faire un geste en faveur des Russes qui, s'ils n'ont pas participé au Débarquement, se sont battus contre les nazis.

Au moment où nous nous apprêtons à reprendre l'avion pour Paris, le Service de protection des hautes personnalités m'appelle :

– Nous avons récupéré un vétéran américain à la gare de Caen. Il a manqué son train. Pouvez-vous le ramener ?

En interrogeant le président, je connais déjà sa réponse enthousiaste.

« Mais bien entendu ! Nous le prenons avec nous !

– J'ai voulu revoir le lieu exact où j'ai débarqué.

Je me suis un peu perdu », nous confie ce charmant vieux monsieur, une fois dans l'avion.

Au cours du vol, Jacques Chirac prend l'Américain par l'épaule :

– On fait une petite photo ?

Une fois encadré, le cliché, accompagné d'une médaille commémorative, sera expédié aux États-Unis. L'ancien soldat doit garder un souvenir impérissable de son retour dans l'avion présidentiel.

*
**

Depuis un an, l'affaire irakienne provoque, aux États-Unis, une vague de « *French bashing* » qui ne désenfle pas. Les critiques fusent de toutes parts. Aussi la commémoration du Débarquement peut-elle fournir l'occasion de montrer que, par-delà les différends actuels, la France restera toujours reconnaissante aux troupes alliées des sacrifices consentis pour la libérer de l'occupation allemande. Conscient de cette opportunité, notre ambassadeur à Washington, Jean-David Levitte, qui deviendra le conseiller diplomatique et sherpa de Nicolas Sarkozy, a émis une suggestion : pourquoi ne pas faire héberger gratuitement tous les vétérans américains dans les palaces et les grands hôtels parisiens ? Le geste ne pourrait qu'être apprécié. Ritz, Crillon et Bristol sont contactés et jouent le jeu en les accueillant. Il est vrai que cette campagne anti-française outre-Atlantique avait provoqué une désaffection de la clientèle américaine pour les palaces. Alors que j'étais en vacances à Montréal, j'avais même rencontré un couple venu des États-Unis qui m'avait expliqué avoir renoncé à son habitude de séjourner à Paris mais qui voyageait au Québec pour « se sentir un peu en France »…

Dans l'idée de recevoir au mieux ces anciens soldats, j'ai aussi mené ma petite enquête. Lors des cérémonies, il est prévu de remettre la Légion d'honneur à ceux qui ne l'ont pas déjà. Le président en décorera quelques-uns, les ministres de la Défense et des Anciens combattants s'occuperont des autres. Cependant, je m'aperçois que l'insigne retenu, en métal bon marché, fait trop « toc ». J'appelle le cabinet de Michèle Alliot-Marie, ministre de la Défense, et évoque la possibilité d'effectuer plutôt la commande auprès de la Monnaie de Paris qui édite également une médaille commémorative du Débarquement. Médailles et décorations permettent de remercier dignement nos invités. L'addition est un peu salée mais le ministère de la Défense accepte de la prendre en charge.

Quant à l'ambassadeur Jean-David Levitte, il nous a prévenus :

– Ne me prévoyez pas de programme particulier. Je préfère accompagner les vétérans qui partiront de Paris pour visiter les plages du Débarquement. Je m'occupe d'eux !

Le matin du 6 juin, des trains spéciaux quittent la capitale pour la Normandie.

*
**

Dès le lendemain de la commémoration, il nous faut continuer à préparer le 60e anniversaire du Débarquement en Provence. La décision a été prise, notamment pour des questions de sécurité, de regrouper l'ensemble des délégations sur le porte-avions *Charles de Gaulle* en rade de Toulon. Comme d'habitude, Annie Lhéritier a été d'une efficacité extraordinaire. Elle a déjà lancé tous les préparatifs, étant rodée à ce genre d'exercice. Depuis trente ans qu'elle travaille avec Jacques Chirac, elle est la seule qui se permette de bouder, capable de s'asseoir ostensiblement à un coin de table et de prendre son repas en solitaire pour montrer au président son mécontentement. L'été approchant, elle et moi descendons désormais régulièrement à Toulon pour rencontrer le préfet, l'amiral qui commande la base navale et les autorités aéroportuaires. Nous savons d'ores et déjà qu'il faudra neutraliser l'aéroport de Toulon-Hyères pour l'arrivée des délégations alors que le trafic aérien est dense un 15 août.

Mais aux habituelles difficultés d'organisation est venu s'ajouter un problème de taille : le pape s'annonce le même jour, fête de l'Assomption, pour une visite pastorale à Lourdes. Comment faire coïncider ces deux événements ? Il faudra faire en sorte que le président de la République puisse accueillir le pape à l'aéroport de Tarbes le 14 août en fin de matinée, puis, le lendemain, les chefs d'État à Toulon en début d'après-midi. Heureusement, une visite pastorale du pape s'accompagne d'un protocole plus léger qu'un voyage officiel. Avec les visites du vice-président des États-Unis ou celles d'un membre d'une famille royale, elle appartient à une catégorie mal définie, dont, à dire vrai, on ne sait trop que faire. En ce qui concerne le pape, le cadre est tout de même tracé : il doit être accueilli par le président de la République avec qui il a un bref entretien. À son départ, c'est au Premier ministre de venir le saluer.

Le jour de son atterrissage, Jacques et Bernadette Chirac se tiennent au bout du tapis rouge, sur le tarmac de l'aéroport de Tarbes. L'entourage de Jean-Paul II nous a demandé de laisser une distance suffisante autour de l'avion pour que l'espèce de monte-charge qui permet de descendre son fauteuil roulant puisse approcher de l'appareil. À cette époque, Jean-Paul II ne peut plus se lever. Le bref échange qu'il a avec le chef de l'État montre à quel point sa santé est défaillante. Après quelques minutes en tête à tête, Jacques Chirac me fait signe à la porte :

– Entrez. Je ne comprends pas ce qu'il me dit.

L'entretien est écourté. Une religieuse, munie d'une petite trousse, entre dans la pièce, vraisemblablement pour lui administrer un remontant. Pendant que le pape prend la route pour Lourdes, nous rentrons à Paris avant de reprendre l'avion, le 15 août, à destination de l'aéroport de Toulon-Hyères.

À Toulon, les premières rotations d'hélicoptères militaires commencent pour accompagner les délégations, qui viennent d'Afrique subsaharienne ou du Maghreb, de l'aéroport au *Charles de Gaulle*. Outre la parade navale, des décorations doivent être remises à dix vétérans ainsi qu'à la ville d'Alger, honorée pour avoir accueilli le gouvernement de la France libre. Le dîner est ensuite servi, dans le carré du pacha pour les chefs de délégation et dans le « ventre » du porte-avions, avec une vue splendide sur la rade, pour les autres invités.

Le chef de l'État, qui vérifie tout, constate que le président algérien est placé à sa droite et le roi du Maroc à sa gauche. Il m'interroge :

– Est-ce bien ainsi, selon le protocole, qu'ils doivent être installés ?

– Monsieur le président, monsieur Bouteflika est le plus ancien dans le grade le plus élevé. Il doit donc prendre place à votre droite, lui fais-je remarquer.

– Mais Mohammed VI est quand même un roi ! réplique Jacques Chirac, sur un ton goguenard.

– Cela ne change rien à l'affaire, dis-je, tout en voyant qu'il feint de sortir de la pièce mais s'arrête devant le grand tableau à l'entrée, où est indiquée la place du couvert de chaque invité, pour intervertir les cartons algérien et marocain.

Il ne me reste plus qu'à faire de même avec ceux posés sur les tables pour indiquer les places… Jacques Chirac s'arrangera plus tard pour faire plaisir à Abdelaziz Bouteflika en le recevant au fort de Brégançon, formule qui n'est pas habituelle.

Sans doute, au cours de ce repas, le président français raconte-t-il à ses hôtes, comme il nous l'a déjà expliqué, qu'enfant il a assisté au Débarquement de Provence. Sa famille se trouvait alors au Rayol où François Chirac, le père du futur président, dirigeait le groupe aéronautique Henri Potez, venu s'installer dans le Var afin de « ne pas faire tourner ses usines pour les Allemands ». Le 15 août 1944, le jeune Chirac avait onze ans.

Le Rayol et ses magnifiques jardins, où est présente la flore de tous les continents, semble être également un souvenir marquant pour Claude qui soupire :

– Chaque fois que nous nous trouvions dans la région et qu'ils ne savaient comment nous occuper, nos parents nous emmenaient jouer, ma sœur et moi, dans les jardins du Rayol…

– 11 –

LA CHINE

Janvier et octobre 2004

Ce lundi matin, tôt, quatre magnifiques pièces que le musée Guimet a accepté de prêter viennent d'être livrées à l'Élysée. Parmi elles, une étonnante statue, un « gardien du tombeau, double tête » de l'époque des Royaumes combattants[1], faite d'un mélange de bois végétal et de bois de cervidé, qui peut faire penser à un objet chamanique. Ont également été disposées sur un socle et entourées de parois transparentes de très belles céramiques et un exceptionnel bronze zoomorphe destiné aux libations rituelles. En fin de matinée, je parviens à intercepter Jacques Chirac qui sort d'une réunion.

« Monsieur le président, il faut que vous veniez voir ce que vous a envoyé le musée Guimet. C'est exceptionnel.

– Vous savez… je n'ai guère le temps.

1. Période qui s'étend du Ve siècle avant J.-C. à l'unification des royaumes chinois en 221 avant J.-C.

– Prenez quelques instants, vous ne serez pas déçu. Je vous l'assure. »

Ne demandant qu'à être convaincu, Jacques Chirac se rend à grandes enjambées au jardin d'hiver, à l'entrée de la Salle des fêtes où, le soir même, sera donné le dîner en l'honneur de son hôte chinois, et, pendant cinq bonnes minutes, observe ces pièces avec attention, se penche pour n'en manquer aucun détail. Il est ravi. Il entretient des relations très chaleureuses avec Jean-François Jarrige, le conservateur du musée Guimet, qui n'a fait aucune difficulté pour ce prêt. Par contre, lorsque nous nous adressons au Louvre, nous essuyons toujours un refus catégorique. À sa tête jusqu'en 2001, Pierre Rosenberg était connu pour donner cette réponse : « Mon rôle n'est pas d'être prêteur mais conservateur… » Il faut dire que Jacques Chirac et le musée Guimet partagent une longue histoire. Étudiant, le futur président se rendait souvent dans sa bibliothèque pour travailler et réviser. Ainsi pouvait-il discuter avec des spécialistes. C'est là qu'est née sa passion de l'Asie.

*
**

« Visite d'État du président Hu Jintao. 26-29 janvier 2004 », est-il marqué sur le fascicule qui donne le programme détaillé de l'événement et vient d'être distribué par mes collaborateurs.

Cette visite, qui ouvre les « Années croisées de la France et de la Chine », marquées par de nombreux échanges culturels, est destinée à resserrer le lien politique fort entre les deux pays – qui se sont retrouvés l'année précédente sur l'opposition à la guerre en Irak – mais également à tisser des relations économiques plus étroites, à mieux exporter le luxe français en Chine et à attirer des étudiants chinois en France. L'idée que « l'empire du Milieu » est devenu un acteur incontournable de la scène économique mondiale a fait son chemin. Dans le rôle du meilleur « VRP » de la France Jacques Chirac n'a pas son pareil, capable d'agripper un officiel chinois par la manche et de lui dire :

– Si vous avez besoin de centrales nucléaires, voici madame Lauvergeon, présidente d'Areva, qui a tout ce qu'il faut pour vous !

Outre-Rhin, les Allemands sont déjà assez offensifs pour être bien placés sur le marché chinois. Le chancelier veille à ce que deux rencontres germano-chinoises soient programmées chaque année, soit à Berlin, soit à Pékin. La France doit, elle aussi, se placer.

La consigne est donc clairement de dérouler le tapis rouge à la délégation chinoise. Lors de leur passage à Paris, en mission préparatoire, nos homologues nous ont fait comprendre que leur principal souci était que rien ne vienne porter atteinte à l'image de leur président et, donc, qu'aucun incident ne perturbe le bon déroulement de la visite. Sans nous fournir d'explications, ils ont décliné l'habituel survol de Paris en hélicoptère avec atterrissage sur l'esplanade des Invalides. Leurs désirs vont être suivis à la lettre, parfois même avec un peu de zèle. Nous allons rapidement le constater en cette fin de janvier.

La délégation officielle est nombreuse, comme le sont d'ailleurs, toujours, les délégations de « grands » pays comme les États-Unis, la Russie ou la Chine.

Mis au courant, les services de renseignement et de sécurité ont fait leur travail. Sans doute ont-ils à l'œil les représentants du dalaï-lama en France, comme les défenseurs des droits des Tibétains ou quelques associations écologistes qui trouvent le développement accéléré de la Chine peu respectueux de l'environnement. Ce n'est pas ma partie. Mais, de mon bureau, au premier étage du Quai d'Orsay, je constate que la police a vu grand. Pas moins d'une quarantaine de membres des forces de l'ordre ont été dépêchés pour surveiller la petite dizaine d'hommes qui, grelottant dans leur robe safran, manifestent pour l'indépendance du Tibet devant l'Abribus de l'aérogare des Invalides.

Au cours de la mission préparatoire, nos interlocuteurs ont exprimé le souhait que la délégation soit logée, non pas à l'hôtel de Marigny, résidence habituelle des hôtes de la République, ou au Crillon, mais à l'hôtel Meurice. Les deux premières adresses étaient-elles trop proches de l'ambassade des États-Unis, à la Concorde ? Craignaient-ils d'être espionnés ? Toujours est-il qu'il faut privatiser une grande partie du Meurice, rue de Rivoli. Dans ce cas, la France prend en charge les frais de la délégation officielle. L'accueil des autres participants – hommes d'affaires, médias, etc. – est financé par le pays invité. La réciprocité fait partie des usages diplomatiques.

Lors d'une visite à Sotchi, en Russie, j'ai ainsi dû expliquer, avec tact, que pour installer le chef de l'État français, un hôtel me semblait plus approprié que la résidence d'été du président russe. Celle-ci était alors dans un état assez pitoyable, la Russie n'ayant pas encore retrouvé sa splendeur. À l'exception d'une suite – évidemment réservée à Jacques Chirac –, la plupart des chambres comportaient quatre châlits peu confortables, destinés aux officiers de sécurité russes et dans lesquels aucun membre de la délégation française n'aurait souhaité dormir. J'avais aussi remarqué une grande bassine, posée au milieu de la salle de bains de la « suite » présidentielle, et m'étais enquis de connaître son usage. « C'est pour le linge sale », m'avait-il été répondu… Décidément, un hôtel me semblait plus approprié. J'ai expliqué qu'ainsi la délégation française ne serait pas dispersée dans plusieurs endroits, ce qui faciliterait la communication.

Le lundi 26 janvier au soir, à l'Élysée, le dîner d'État franco-chinois se déroule comme prévu. Les deux présidents ont déjà eu l'occasion de se croiser plusieurs fois. Entre eux le courant passe bien, même si le « grand ami » du président français demeure le prédécesseur de Hu Jintao, Jiang Zemin. « Monsieur Poudade, faites en sorte que Hu Jintao ne me fasse pas danser ! », m'avait lancé Bernadette Chirac un jour où l'on évoquait la venue prochaine de celui-ci. Le souvenir d'une valse avec Jiang Zemin en Corrèze paraissait encore vif…

De grande taille, l'allure affable, Hu Jintao est un homme qui ne semble pas chercher les complications. De lui se dégage le souci de bien accomplir son travail, en bon ancien apparatchik. Son épouse, Liu Yongqing – que nous surnommons entre nous « Madame Hu Jintova », à la manière russe, ne parvenant pas à mémoriser son patronyme – a, elle, quelques exigences. Ainsi nous a-t-il été précisé qu'elle n'apprécie pas la consistance de la nourriture occidentale, notamment des viandes, et que tous les plats doivent lui être présentés découpés en fines lamelles. Son cuisinier personnel viendra donc officier dans les cuisines de l'Élysée et des baguettes devront être disposées à côté de son couvert. De telles demandes ne nous gênent pas du moment qu'elles n'empiètent pas sur le mode de vie à la française. Il est par exemple tout à fait normal qu'un rabbin vienne bénir plats et vaisselle à l'Élysée lors de la visite du président israélien Katsav. En revanche, l'un de mes prédécesseurs au Protocole a dû tenir tête aux Iraniens qui exigeaient non seulement qu'aucun alcool ne fût servi à leurs dirigeants – ce qui allait de soi, des jus de fruits étant prévus à leur intention – mais également qu'aucun vin n'apparaisse sur la table ni sur les dessertes de la salle à manger… Ils n'eurent pas gain de cause. En revanche, le dîner officiel fut remplacé par un « goûter officiel » (!) avec thé et café.

Pour dresser la liste des invités au dîner, nous nous y sommes pris, comme d'habitude, bien en amont, en lien avec le secrétariat particulier, la cellule diplomatique et la direction Asie du Quai d'Orsay. Les personnalités incontournables figurent sur une première liste. Parmi elles, les ministres, les présidents des deux assemblées, les membres du groupe d'amitié « France-Chine » au Sénat et à l'Assemblée nationale, les patrons du CAC 40 les plus concernés. Bercy, tout comme le ministère de la Culture, ont aussi été consultés. Il ne serait pas imaginable, par exemple, d'oublier de convier l'écrivain d'origine chinoise et membre de l'Académie française, François Cheng. Entre un cinquième et un quart des places disponibles sont réservées à la délégation étrangère. Soit environ une cinquantaine de personnes pour les Chinois. Au fur et à mesure des réponses, on peut aller « piocher » quelques noms dans la liste complémentaire.

Lors de la visite de la reine Elizabeth, les demandes affluaient au Protocole : « Pourrais-je venir accompagné de mon épouse ? », « Invité au précédent dîner d'État, je souhaiterais vivement participer… » Parfois, nous avions dû consulter Bernadette Chirac pour trancher sur le bien-fondé d'une demande. Le couple présidentiel connaît non seulement le « Tout Paris » mais presque le « Tout-monde entier ». Lui parce qu'il a été durant trois mandats maire de la capitale et deux fois Premier ministre ; elle par sa famille, dont la surface mondaine est considérable. Et Claude Chirac, elle, a beaucoup d'amis parmi ceux qu'il est convenu d'appeler les « *people* ». Des années plus tard, elle m'a notamment raconté que Michael Jackson n'avait pas hésité à l'appeler en pleine nuit depuis la Californie pour lui annoncer qu'il souhaitait acheter le château de Rambouillet. Elle fut obligée de l'en dissuader et de lui expliquer que le bien n'était pas à vendre. Lorsqu'elle fut un jour reçue à Neverland, la propriété du chanteur, elle s'aperçut que l'idée devait lui tenir à cœur puisqu'il avait fait construire une maquette du château qui occupait la quasi-totalité de son vestibule.

Cette proximité de Claude Chirac avec les personnalités en vue permet de savoir ce qui n'est pas codifié par les règles protocolaires. Par exemple, qu'il vaut mieux éviter de placer X à côté de Y à table car ils sont brouillés. Ou que tel grand patron répondra systématiquement que « malheureusement, son épouse, retenue par une autre obligation, ne pourra se rendre au dîner du tant mais qu'il serait très heureux de pouvoir y venir avec une amie »... Le placement de l'amie en question est un casse-tête. Elle n'a pas sa place parmi le CAC 40 mais n'apprécie guère d'être « reléguée » parmi les journalistes, la corporation dont elle fait partie. Il faut parfois faire de la dentelle… Le président Giscard d'Estaing est, lui, comme le veut l'usage, systématiquement invité mais répond tout aussi régulièrement qu'il a un empêchement ce jour-là, bien décidé à ne pas remettre les pieds à l'Élysée tant que Jacques Chirac en sera l'occupant.

En dernier ressort, il appartient à Jacques et Bernadette Chirac de réviser la liste finale et de valider le plan de table. J'entends alors souvent les mêmes conseils : « Veillez à mettre Bernard Arnault et François Pinault sur un pied d'égalité. Vous savez comme ils surveillent ce genre de choses », ou encore « N'oubliez pas de bien placer Jacques Friedmann ». L'inspecteur des finances, qui présida longtemps la Compagnie générale maritime et d'autres entreprises publiques, est très lié à Jacques Chirac depuis leurs années d'études au lycée Carnot. Cette longue amitié lui donne une place à part dans la galaxie chiraquienne. Conseiller discret de son ancien condisciple qu'il tenta de rapprocher d'Edouard Balladur pour la présidentielle de 1995, il participe à la création du musée du quai Branly.

Quant à l'huissier en chef de l'Élysée, il connaît son métier et sait, par exemple, intercaler un ou deux couples entre deux personnalités qui ne supporteraient pas de se voir annoncer l'une après l'autre. Bien des susceptibilités doivent être ménagées.

Le mardi, le programme prévoit une visite de l'exposition Confucius au musée Guimet avant un dîner au restaurant Le Jules Verne, au deuxième étage de la tour Eiffel, qui sera illuminé en rouge, couleur du bonheur en Chine, pour commémorer le 40e anniversaire de l'établissement de relations diplomatiques entre la France et la République populaire et lancer les festivités des Années croisées. En sortant du restaurant, Bernadette Chirac me fera cette remarque enjouée :

« Le vin était vraiment excellent.

– Il pouvait l'être, Madame, c'était un Château Haut-Brion ! »

Au musée, que nous fait découvrir le conservateur Jean-François Jarrige, Jacques Chirac, qui est décidément chez lui ici, prend vite la direction des opérations, heureux de pouvoir partager avec le président Hu Jintao sa connaissance de l'histoire de la civilisation chinoise. Peut-être en sait-il même davantage que son invité… Le temps s'étire quand j'aperçois l'épouse de notre hôte assise sur une banquette, l'air las. Je m'approche de Jacques Chirac :

– Monsieur le président, peut-être faudrait-il écourter la visite…

Je lui explique la situation. Il s'avance alors vers Liu Yongqing et s'excuse d'être trop passionné par la culture chinoise.

Le cortège descend ensuite l'avenue du Président-Wilson, vers la place de l'Alma, avant de rejoindre la tour Eiffel en deux minutes. Si notre parcours est totalement fluide, il n'en est pas de même pour les Parisiens. La circulation dans la capitale est devenue un cauchemar. Les services du ministère de l'Intérieur et de la Préfecture de police de Paris ont vu les choses en grand. Des précautions exceptionnelles, quasi inédites, ont été prises. Des périmètres très larges sont interdits aux automobilistes. Une partie de la rue de Rivoli, où se trouve l'hôtel Meurice, a été vidée et le trafic détourné vers la rue Saint-Honoré, pourtant étroite. Les jardins des Tuileries sont fermés aux promeneurs et aux mères de famille qui viennent d'habitude y faire jouer leurs enfants. Les stations de métro elles-mêmes sont fermées sur le parcours du cortège et les lignes stoppées le temps du passage des voitures officielles en surface. Du jamais vu ! Les Parisiens se plaignent, les médias se font l'écho du ras-le-bol des habitants et des embouteillages monstres que provoque la visite.

Le dispositif est manifestement surdimensionné. Ces mesures de sécurité omniprésentes vont finir par poser problème. Tout le monde est excédé. Avant le traditionnel dépôt de gerbes prévu à l'Arc de triomphe, je vois arriver à l'Élysée Dominique de Villepin, furieux, qui se rue sur moi.

– Quel est le c… qui a fait bloquer le faubourg Saint-Honoré ? s'époumone le ministre des Affaires étrangères.

Venant du Quai d'Orsay et bloqué par les encombrements, il a dû finir le trajet à pied. Les regards se tournent vers la place Beauvau dont le patron est Nicolas Sarkozy. La mésentente entre les deux ministres est de notoriété publique. L'affaire Clearstream n'a pas encore éclaté dans les médias mais les deux hommes se toisent en permanence. Depuis son ralliement au camp Balladur durant la campagne présidentielle de 1995, Nicolas Sarkozy n'est plus en odeur de sainteté à l'Élysée. Et, en ce début de l'année 2004, sa volonté de prendre la présidence de l'UMP, tremplin pour la présidentielle de 2007, inquiète. Bref, certains s'interrogent sur le zèle dont a fait preuve le ministre de l'Intérieur pour dégager Paris à l'occasion de la visite de Hu Jintao…

Je fais d'ailleurs moi-même les frais de ces mesures draconiennes. Malgré l'avertisseur « deux tons » et le gyrophare mis par mon conducteur, Jean-Pierre Freney, notre voiture est bloquée par un policier à la hauteur du Petit Palais. Je lui explique la situation. Il me répond : « Eh bien, si vous devez accueillir le président chinois, vous n'êtes pas en avance ! » Je lui rétorque que je me passerai de ses remarques et que je pense savoir gérer mon emploi du temps et – chemin faisant – celui du président chinois.

Quelques jours après le départ de la délégation chinoise, le directeur de cabinet du président, Michel Blangy, convoque une réunion. Jean-Paul Proust, préfet de police de Paris, Annie Lhéritier et moi-même y participons ainsi que Claude Guéant, directeur de cabinet de Nicolas Sarkozy. La thrombose de la capitale provoquée par le blocage d'artères importantes aux heures de pointe est au menu du jour et engendre une vive explication entre Michel Blangy, d'ordinaire très calme, et Claude Guéant, soupçonné, non sans quelques raisons, d'en avoir rajouté… Il est alors décidé de mettre en place une nouvelle technique dite de « la bulle ». Au lieu de paralyser tout un quartier pendant des heures pour la venue d'un cortège, la circulation ne sera bloquée que dix minutes avant l'arrivée des personnalités et rouverte sitôt la délégation passée. La « bulle » progressera ainsi le long du parcours.

Cette nouvelle technique est testée quelques semaines plus tard pour la venue du président israélien les 16 et 17 février 2004. Une fois mise en place et malgré quelques inévitables cafouillages, la méthode se révèle efficace. Paris ne sera plus paralysé pendant trois jours pour une visite d'État.

*
**

Pour le « voyage retour », qui se déroule à l'automne 2004, c'est une immense tournée en Asie qui est mise sur pied : elle commence par Singapour, se poursuit au Vietnam avant trois étapes dans la Chine continentale et se termine à Hong Kong. Le Conseil des ministres du mercredi 6 octobre a été avancé et celui du 13 repoussé.

Pour un voyage aussi lourd, j'ai effectué deux missions préparatoires. Les choses se sont bien passées. Les Chinois semblent très désireux de faire de cette visite une réussite et se montrent conciliants. Ils ont l'habitude : le monde entier défile chez eux ! À la suite de la première mission préparatoire, j'ai rédigé, après concertation avec les membres qui y avaient participé puis avec ceux de la cellule diplomatique, une note pour le président. Mon deuxième voyage sert à finaliser le programme.

Il a notamment fallu régler deux ou trois détails culinaires… Lors du dîner à Chengdu, nos hôtes souhaitaient nous faire goûter la réputée cuisine du Sichuan, dont le cartilage de pattes de canard. La dégustation d'un tel mets de choix suppose d'enfiler des gants et de mettre une serviette autour du cou. Je leur ai expliqué que cela me paraissait compliqué.

Par ailleurs, la présidente d'Areva, Anne Lauvergeon, tenait absolument à ce que nous visitions les installations nucléaires de son groupe dans une région reculée. J'avais rendu compte à Maurice Gourdault-Montagne :

« Tout se présente bien, sauf la centrale construite par Areva. Le programme est trop chargé.

– Très bien. Tu y retournes et tu vois ce qu'on peut enlever. »

Claude Chirac, qui était aussi présente, était intervenue :

– On ne peut pas y aller en hélico ? Cela ferait gagner du temps…

J'avais répondu que, moi vivant, jamais le président de la République n'emprunterait un hélicoptère chinois. Je gardais le terrible souvenir de cet appareil qui, avant la visite présidentielle, s'était écrasé au Mali. De plus, Hu Jintao n'ayant pas voulu faire le traditionnel survol de Paris avec atterrissage aux Invalides en février, il n'y avait aucune raison pour nous d'utiliser les hélicoptères chinois.

Tout le monde – Bercy, le ministère de la Défense, Areva, les conseillers diplomatiques – a voulu se mêler du programme. S'ils avaient tous été entendus, il aurait fallu passer un mois en Chine !

Après Singapour et le Vietnam, nous arrivons le vendredi 8 octobre à 22 heures à Chengdu. Dans l'aéroport tout éclairé, des danses traditionnelles accueillent la délégation, donnant l'occasion aux photographes et aux cameramen, que j'ai autorisés à monter sur la passerelle présidentielle, de faire de belles images. Mais le plus exceptionnel reste à venir. Lors de mon second voyage préparatoire, les autorités locales m'ont prévenu qu'elles souhaitaient organiser pour Jacques Chirac une exposition privée de « L'homme du Sichuan ». En 1986, à Sanxingdui, une série de têtes en bronze de grande taille ont été mises au jour dans une fosse, et deux autres ont été découvertes un peu plus loin. Le tout forme un ensemble remarquable de bronzes du XIIe au IIIe siècle avant J.-C. Je me suis un peu étonné : « Une exposition privée, vraiment ? » « Oui, oui, nous l'avons prévue », m'ont confirmé mes interlocuteurs. Effectivement, à notre arrivée à Chengdu, quelques-unes des plus belles pièces ont été exceptionnellement réunies au dernier étage du Sofitel Wanda, l'hôtel de la délégation française.

Le lendemain, le président se lève donc tôt pour avoir le temps, avant les entretiens programmés, d'admirer ces pièces magnifiques. Il apprécie ce geste sans précédent.

Déjà, à Hanoi, il a demandé à visiter des fouilles qui ont révélé une ville chinoise sous la cité vietnamienne. Les archéologues venaient d'y découvrir quantité d'objets dont un petit lion en céramique bleu-vert. Selon les conservateurs, la pièce était importante car une datation au carbone 14 permettait de faire remonter l'objet au XIVe siècle et même de constater que les crocs avaient été restaurés au XVIIe. J'ai tenu ce petit lion dans les mains avec une peur terrible de le faire tomber.

À Chengdu, le président français va encore prendre une heure pour se rendre au parc consacré à Du Fu, le plus célèbre poète de l'époque Tang. Les habitants se montrent extrêmement émus, applaudissent, viennent le saluer et lui parler. Il visite la maison où vécut le poète, prend quelques instants pour converser avec le conservateur. Et se retourne vers les nombreux hommes d'affaires qui l'accompagnent :

– Vous pensez que je perds du temps ? Pas du

tout ! Si vous voulez vous implanter à Chengdu, ce n'est pas superflu.

La capitale du Sichuan est aujourd'hui desservie par un vol direct d'Air France-KLM.

Nous nous transportons ensuite à Pékin le 9 octobre dans l'après-midi. La délégation est fournie avec pas moins de quatre ministres – Michel Barnier aux Affaires étrangères, Gilles de Robien à l'Équipement, Renaud Donnedieu de Vabres à la Culture, François Loos au Commerce extérieur – et une vingtaine de grands patrons. Toutes les stars du CAC 40 sont présentes, pour certaines arrivées directement en avion privé, ainsi que le directeur général de Tang Frères, Bounmy Rattanavan, et Christian Deydier, président du Syndicat des antiquaires. Après la cérémonie d'accueil sur la place Tian'anmen, les entretiens ont lieu au palais de l'Assemblée du peuple et, compte tenu du nombre de participants, nous avons dû placer les membres de la délégation sur deux rangs – ce qui ne se fait jamais.

Pour le dîner d'État, nous restons au palais de l'Assemblée du peuple mais changeons d'étage. On nous fait monter des escaliers, en descendre d'autres, pour finalement entrer dans une immense salle où plus de trois cents couverts ont été dressés. La table d'honneur s'étend sur toute la largeur du lieu. Mais le décor, glacial, fait regretter la splendeur de la salle des fêtes de l'Élysée. Ces dîners officiels sont souvent relativement compassés. Invités et hôtes sont entourés de leurs interprètes. Les conversations manquent parfois d'entrain. En revanche, lorsqu'on « descend » vers les extrémités de la table, l'atmosphère peut être plus détendue et les échanges peuvent être plus animés. Jusqu'à la dernière minute, le placement reste un casse-tête. Je me souviens ainsi d'avoir un jour, à l'Élysée, fait changer de place Hélène Carrère d'Encausse au dernier moment pour la prier de s'asseoir à côté d'un ministre russe. J'avais aussi dû déplacer Ève Barre, puis Pierre Cardin qui n'avait, tout d'abord, pas l'intention de bouger. J'avais alors dû lui expliquer assez fermement qu'il était invité à occuper une meilleure place.

À Pékin, François Pinault fait grise mine. Au contraire de son « alter ego », Bernard Arnault, son couvert n'est pas à la table d'honneur mais à l'une des tables rondes qui l'entourent. Je pressens qu'il ne va pas « digérer » cette offense de sitôt. Le traitement réservé à Bernard Arnault n'est peut-être pas étranger au fait que le propriétaire de LVMH a été un très généreux mécène pour les « Années croisées » France-Chine ou que, à Paris, Jacques Chirac n'hésitait pas à décrocher son téléphone pour lui dire : « J'ai vu qu'une pièce Tang figure au catalogue d'une vente à Hong Kong. Cela serait bien que LVMH l'acquière pour l'offrir ensuite au musée Guimet… »

Dans la soirée, l'illumination en bleu-blanc-rouge de la porte Zhengyangmen qui mène à la Cité interdite est une réussite. C'est le groupe français Citelum, spécialiste de la lumière urbaine, qui s'est chargé de l'opération. À la dernière minute, les responsables de ce groupe n'ayant pas été prévus dans le cortège, je les fais monter dans ma voiture. Ils me remercieront en me faisant parvenir à Paris une magnifique photo de l'événement. Enfin, Jacques Chirac a l'intention de saluer le musicien Jean-Michel Jarre qui donne ce soir-là un concert au sein de la Cité interdite. L'opportunité d'une poignée de main avec la star de la musique électronique, dont la rupture avec Isabelle Adjani vient de faire beaucoup de bruit, a été longuement débattue. De multiples coups de fil ont été échangés avec Paris… Finalement, il est décidé que le président assistera aux premières mesures du concert avant de s'éclipser.

Le dimanche 10 octobre, le ciel de Pékin est trop bas pour que la Patrouille de France puisse y faire sa démonstration. La pollution de la capitale m'avait déjà frappé lors de mes missions préparatoires – du dixième étage de mon hôtel, on ne distinguait pas le sol –, ainsi que les démolitions à tour de bras des quartiers anciens. En fin d'après-midi, au cœur de la ville, près de la Cité interdite, on pouvait voir des hommes en caleçon et en tongs faire la queue devant les toilettes et les bains publics puisqu'ils ne disposaient pas des commodités dans leur logement.

Dans la matinée, lors d'une rencontre avec les hommes d'affaires français, Jacques Chirac répète sa leçon, fidèle à son principe selon lequel « La répétition est le début de la pédagogie ». Le discours pourrait s'intituler « Comment faire des affaires en Chine en dix leçons » : passer du temps quitte à avoir l'impression d'en perdre, ne jamais oublier de rendre hommage à la Chine, à son passé, à sa culture. Parmi l'auditoire, certains s'impatientent car leur avion personnel les attend…

Le soir, un dîner privé est organisé dans un restaurant traditionnel qu'affectionnait Zhou Enlai. Les pièces sont à dimension humaine, ornées de belles laques. J'ai demandé au préalable au chef de l'État : « Souhaitez-vous autour de vous des politiques, ou des spécialistes de la Chine ? » « Des spécialistes de la Chine, c'est une très bonne idée », m'a-t-il répondu. S'assoient donc Jean-François Jarrige et le célèbre antiquaire Christian Deydier, spécialisé dans l'archéologie chinoise. Une place reste libre. « Asseyez-vous », me dit Jacques Chirac. Nous passons un très bon moment. La conversation qui roule sur la culture chinoise, que je connais beaucoup moins que ces spécialistes, est passionnante.

Le 11 octobre au matin, nous arrivons à Shanghai et découvrons la maquette du futur centre franco-chinois de l'université Tongji. Depuis l'étape de Pékin, le visage fermé du patron du groupe Pinault-Printemps-La Redoute (PPR) n'a pas échappé à Jacques Chirac. Il me prend à part :

« Débrouillez-vous. Il faut faire quelque chose pour Pinault…

– Que peut-on faire, monsieur le président ? Vous avez tout à l'heure votre déjeuner restreint organisé par Jiang Zemin… »

L'ancien président chinois avec lequel Jacques Chirac s'entend très bien vit désormais à Shanghai.

« Oui, oui. Très bien. Ajoutez monsieur Pinault à ce déjeuner.

– Mais qu'a-t-il à voir avec monsieur Jiang Zemin ?

– Écoutez… faites pour le mieux ! »

Je m'emploie à joindre la secrétaire de l'homme d'affaires puis l'un de ses collaborateurs. Je parle enfin à François Pinault et lui propose de se joindre au déjeuner. Pendant ce temps, Jacques Chirac, qui est en train de poser la première pierre du centre franco-chinois et d'écouter les discours, ne cesse de me demander discrètement : « Où en est-on avec Pinault ? » Au point que les journalistes finissent par se poser des questions. La rumeur est parvenue jusqu'à Shanghai qu'un remaniement se préparait à Paris… La presse pense que ces apartés en sont la conséquence.

Entre-temps, la réponse du patron de PPR est tombée : « Ce n'est pas possible : je dois rentrer aujourd'hui à Paris. Mon avion va bientôt décoller. »

Le président s'inquiète : « Était-il fâché ? – Un petit peu », dois-je lui avouer. Désirant implanter sa maison de ventes, Christie's, en Chine, François Pinault finira, des années plus tard, par offrir aux autorités de Pékin deux pièces provenant du Palais d'Été et qui ont figuré dans la collection Saint Laurent-Bergé.

Pour ma part, j'ai déjà l'esprit occupé par les séquences suivantes : la visite du futur Institut Pasteur puis la réception des mécènes de l'Année de la France en Chine et le discours devant les hommes d'affaires, de l'autre côté du fleuve, dans un hôtel de Pudong, où la ville s'est étendue sur ce qui n'était qu'un vaste champ de rizières du temps de Mao. Il faut bien compter quarante-cinq minutes pour y transférer les journalistes, en bus. Pendant ce temps, ai-je prévu lors de la « préparatoire », Jacques Chirac ira visiter le musée des Bronzes qui se propose de lui montrer ses nouvelles acquisitions. Sur la note que je lui ai fait passer en rentrant et où je lui suggérais cette visite, il a inscrit : « Je le connais déjà. » « Monsieur le président, ils ont de nouvelles pièces », ai-je argumenté.

Le jour dit, les responsables du musée montrent leurs acquisitions, déjà exposées dans les vitrines, puis expliquent qu'ils souhaitent que le président expertise quelques objets. Après l'avoir muni d'une loupe, d'une lampe frontale et de gants blancs, on lui présente effectivement cinq objets de fouille parmi lesquels une jarre et une pelle. Une scène insolite se déroule alors sous nos yeux. Le « professeur » Chirac, concentré, examine les pièces, pose des questions – « Est-ce bien le couvercle d'origine ?

Ces dessins incisés qui figurent sur le col, sont postérieurs, n'est-ce pas ? » – et engage une discussion d'experts avec ses interlocuteurs.

À la fin de la visite, nos hôtes lui remettent une reproduction d'une pièce du musée. Je glisse au président :

« Nous allons laisser ce souvenir. Joël Morin va prendre les cinq objets qui vous ont été présentés et les mettra dans le coffre de votre voiture.

– Mais, enfin, Paul, vous êtes devenu fou ! »

Il s'aperçoit vite que je plaisante. Nous échangeons un sourire complice.

Ce lundi se poursuit à Pudong, à l'hôtel Shangri-La, où ont été réunis, avec leurs familles, les mécènes, français ou chinois, des « Années croisées ». Ils sont décorés un par un, remerciés avec chaleur par le pré sident qui ne manque pas de dire à chacun : « Allez, on fait une petite photo ! » Il excelle dans ce « service après-vente » qu'il assure avec application, en connaissant l'importance. La journée s'achève par un discours à la Chambre de commerce franco-chinoise puis un dîner offert par le secrétaire du PC chinois de Shanghai.

Le lendemain commence, lui, par une visite de la société de jeux vidéo Ubisoft, très bien implantée dans la ville, puis par un déplacement en métro dont les rames sont fabriquées par Alstom. Les Chinois ont dû « faire la salle » : les deux rames précédant et suivant celle de la délégation sont occupées par de vrais policiers-faux voyageurs et les quais sont truffés d'agents des forces de l'ordre et de voyageurs ravis de rencontrer le chef de l'État français.

Dans l'avion qui nous transporte à Hong Kong, la fatigue commence à se faire sentir, les traits se creusent et des réclamations se font jour. Plusieurs membres de la délégation se plaignent du rythme soutenu du voyage. La photographe Bettina Rheims, grande amie de Bernadette Chirac, m'interpelle : « On ne peut rien voir. Il faut tout le temps courir après la délégation ! » Je lui explique qu'il est effectivement difficile de faire autrement et qu'il lui suffit d'être attentive à un « signal » : « Dès que le président monte dans sa voiture, le top départ est donné. Précipitez-vous dans une voiture du cortège, quelle qu'elle soit. » L'ambassadeur de France est, lui, un peu chiffonné de devoir emprunter un minibus avec d'autres membres de la délégation au lieu de pouvoir disposer de son auto ou de pouvoir s'installer au côté du président. Je le réconforte :

– Tu le sais bien, quand le président est là avec quatre ministres, nous n'existons ni toi, ni moi…

Un entretien entre le président de la République et le chef de l'exécutif de la région spéciale de Hong Kong a lieu dans l'ancien palais du gouverneur. Les journalistes ne veulent même pas en entendre parler. Ils n'attendent plus qu'une chose : la présentation du rideau de scène du ballet *Parade*, peint par Picasso en 1917 pour le théâtre du Châtelet. La toile, qui représente une sorte de perspective à l'italienne mais surréaliste, agrémentée d'un pégase blanc, ailé, et d'une danseuse presque en lévitation, mesure 10,5 mètres sur 17 et pèse 45 kilos. Elle appartient au fonds du centre Pompidou et Mme Pompidou, qui milite pour la création d'une antenne du musée à Hong Kong, a souhaité qu'elle soit envoyée en Chine et exposée lors de la visite d'État. L'œuvre de Picasso doit être présentée dans l'International Finance Center, grand magasin de luxe qui est la propriété de plusieurs milliardaires chinois. Mais, à Paris, les gens du ministère de la Culture ont froncé les sourcils : « Comment ? Une œuvre d'art dans un centre commercial ? » Lors de ma seconde mission préparatoire, j'ai expliqué au consul général de France que les choses n'étaient pas simples. Il m'a assuré que le ministère pouvait être rassuré, que les Chinois allaient tout prendre en charge et avaient même prévu des conditions d'hygrométrie optimales pour la conservation de l'immense toile. Son exposition est un succès. Les propriétaires du grand magasin sont très satisfaits. Je me remémore une conversation surprise entre Bernadette Chirac et Bernard Arnault avant le dîner d'État à Pékin. L'épouse du président s'était adressée au patron de LVMH.

« Vous arrivez à faire des affaires en Chine ?

– La Chine compte un milliard trois cents millions d'habitants. Parmi eux, déjà un million de millionnaires… Et donc, autant d'épouses ou de maîtresses. Toutes ces femmes rêvent d'avoir chaque année le nouveau sac Louis Vuitton. L'avenir de Louis Vuitton me paraît donc assuré pour quelque temps ! »

*
**

Nous devons maintenant nous envoler pour le voyage de retour après un dîner au palais de l'ancien gouverneur. Deux avions nous attendent.

Il faut avoir l'œil jusqu'au bout. L'usage veut que le président soit le premier à embarquer dans son avion et, du haut de la passerelle, fasse un signe de la main tandis que les flashes crépitent pour les dernières photos. Je vois tout à coup Bettina Rheims qui s'engouffre sur la passerelle à la suite du président. Je la retiens fermement par le bras : « Madame, restez avec moi. » Une fois le président entré dans l'avion, je la laisse emprunter la passerelle avec les autres membres de la délégation.

Durant le vol du retour, je songe à cette connaissance profonde qu'a Jacques Chirac de la civilisation chinoise ou des arts premiers. Dans les années 1970, certains beaux esprits, héritiers de cette pseudo-intelligentsia qui tenait Dunoyer de Ségonzac pour l'alpha et l'oméga de la peinture et a failli passer à côté de Braque et de Picasso, ont souvent moqué ce qui n'était que la caricature du président : sa prétendue passion pour la musique militaire, la tête de veau, la Corona, la « raffinerie » de Beaubourg et les

« arts primitifs »... Jacques Chirac s'est battu pour le centre Pompidou comme pour le musée du quai Branly. Il a eu raison. Une fois de plus, il était en avance sur son temps. J'aurais aimé que ces mêmes beaux esprits le voient au musée des bronzes de Shanghai et constatent l'affectueux respect qu'il inspirait aux conservateurs chinois.

- 12 -

Vers Ankara

Un jour, lors d'un bref moment de répit, je vois avec plaisir Daniel Jouanneau, qui fut chef du Protocole pendant les deux dernières années du septennat de François Mitterrand et les deux premières de Jacques Chirac, s'installer dans mon bureau et soupirer : « Ah, c'est le meilleur job que j'ai eu ! » Je partage son avis. Les voyages, les rencontres, l'objectif de servir les intérêts de la France sont déjà exceptionnels. Mais surtout, en exerçant cette fonction, bien qu'on ne participe pas à la décision politique, on voit l'Histoire s'écrire.

C'est lors de la visite au Maroc, en octobre 2003, que mon « après-protocole » se dessine. Nous sommes à Rabat, nous reprenons les voitures entre deux rendez-vous et les habituels accompagnateurs de Jacques Chirac – le ministre Dominique de Villepin et le conseiller diplomatique Maurice Gourdault-Montagne – sont retenus par leurs homologues marocains. L'usage veut que l'on propose toujours un interlocuteur au président de la République qui peut préférer rester seul pour s'entretenir au téléphone ou, tout simplement, se reposer quelques instants.

– Dominique de Villepin et Maurice Gourdault-Montagne ne sont pas disponibles. Qui souhaitez-vous dans votre voiture ? lui demandé-je.

– Eh bien, montez, Paul, me répond-il.

Nous commençons par parler du Maroc, des réformes lancées par le roi, des premiers enseignements à tirer du voyage puis, soudain, le président se tourne vers moi.

– Où voudriez-vous être affecté pour votre prochain poste ?

Jacques Chirac sait en effet que je souhaite être nommé à nouveau à la tête d'une ambassade avant de prendre ma retraite en 2007, date à laquelle j'aurai soixante-cinq ans. Je lui réponds que je préférerais ne pas être affecté dans l'un des pays de l'Union européenne. Certes les relations bilatérales y restent importantes mais l'essentiel se passe désormais à Bruxelles.

– Cela me plairait de sortir un peu de l'Europe stricto sensu, monsieur le président. J'aimerais par exemple beaucoup aller en Turquie.

À mes yeux, la Turquie ne peut qu'être passionnante : un pays au point de rencontre de l'Europe continentale et du monde musulman, en pleine mutation politique depuis qu'Erdogan a remporté les élections. Je sais, pour m'y être rendu à plusieurs reprises au début des années 1990, que le poste nécessite de nombreux déplacements entre Ankara, le siège du gouvernement, du parlement et des institutions politiques et Istanbul, la métropole économique et culturelle. Et puis la Turquie est candidate à l'entrée dans l'Union européenne, ce qui rendra le travail encore plus intéressant.

Prévoyant, je me suis déjà ouvert de ce projet à Maurice Gourdault-Montagne, semant juste quelques petits cailloux pour qu'il garde mon projet, qu'il approuve, en tête. Mais je n'ai encore aucune indication sur ce que peut en penser Jacques Chirac.

– Je vous soutiendrai, me lâche le président juste avant que je descende de voiture.

Façon un peu sibylline de me signifier qu'il prendra l'avis du ministre et de ses conseillers mais que l'affaire est bien engagée. En refermant la portière, je sais, dans mon for intérieur, que je serai nommé en Turquie. Un an plus tard, je m'installerai à Ankara.

À l'automne 2004, dès le retour de notre voyage en Chine, Jean-Pierre Asvazadourian prend le relais. Le 27 octobre 2004, le président a la délicatesse d'organiser pour moi une réception de départ à laquelle prend aussi part son épouse. Il y exprime sa reconnaissance pour ce qui n'était après tout que mon travail. J'attends ensuite la parution de mon décret de nomination ainsi que la signature de mes lettres de créance.

*
**

J'ai alors hâte de rejoindre mon poste et de retrouver un emploi du temps plus chargé. Les deux semaines que je viens de vivre depuis mon départ du protocole me laissent une impression étrange. C'est, toute proportion gardée, ce que les anciens de Matignon appellent le « syndrome du Premier ministre ». De passage à Budapest lorsque j'y étais ambassadeur, Michel Rocard m'avait parlé de cette impression de vide et d'oubli, du téléphone qui sonne de moins en moins… J'y ajouterai les cauchemars qui réveillent en sursaut. J'ai ainsi rêvé que Leonid Brejnev, pourtant mort depuis belle lurette, se glissait au milieu d'un entretien entre Jacques Chirac et Vladimir Poutine. Je ne savais comment m'en débarrasser et me tournais vers les Russes, leur faisant désespérément signe, des yeux, de s'occuper de faire disparaître de cet entretien l'ancien secrétaire général du parti communiste soviétique.

Du jour au lendemain, je suis censé pouvoir enfin dormir après avoir accumulé les nuits courtes et les décalages horaires. Lors de mon arrivée, trois ans plus tôt, mon prédécesseur Frédéric Grasset m'avait prévenu : « Dès que tu peux dormir, fais-le, même seulement quelques instants. » Jacques Chirac était lui-même rompu à ces micro-siestes. Et les « pilules » du Dr Jack Dorol, le médecin personnel du chef de l'État, faisaient aussi des miracles dans la lutte constante contre le décalage horaire, ce fameux « *jet lag* » auquel les hôtesses d'Air France m'ont dit ne jamais parvenir à s'habituer. J'ai désormais le temps de dormir mais mon sommeil est peuplé de catastrophes imaginaires !

Je me remémore mes premiers mois à l'Élysée. Mon entrée en matière ne fut pas facile. Pourtant, Frédéric Grasset avait veillé à m'associer à son travail dans mes premières semaines de « rodage » et le chef du Service de protection des hautes personnalités, le contrôleur général Patrick Bardet, comme le chef du Groupe de sécurité de la présidence de la République, Denis Roux, m'avaient chaleureusement accueilli. Mais j'avais l'impression, à tort ou à raison, que tous ces fidèles parmi les fidèles de Jacques Chirac, cet entourage qui avait été de tous ses combats politiques, parfois depuis plus de trente ans, me surveillaient du coin de l'œil et guettaient mes premiers faux pas. J'avais failli trébucher lors d'une cérémonie à Saint-Germain-des-Prés. Ce devait être un hommage à Léopold Sédar Senghor, membre de l'Académie française. L'accueil des personnalités avait-il été un tout petit peu négligé ? Toujours est-il que la voiture de Mme Pompidou avait été arrêtée trop loin, sur le boulevard Saint-Germain, obligeant la veuve de l'ancien président à marcher plusieurs dizaines de mètres. Elle s'en était plainte. Je me promettais donc que, désormais, je veillerais personnellement sur Mme Pompidou que, par ailleurs, j'admirais beaucoup pour son engagement en faveur tant de sa fondation que pour la diffusion et le rayonnement de l'art contemporain. Depuis son décès en 2007, Bernadette Chirac a repris la présidence de sa fondation. Pour les Chirac, Claude Pompidou compte beaucoup. C'est son mari qui a mis le pied à l'étrier du jeune énarque pressé en politique.

Finalement, je me suis aperçu qu'il était facile de travailler avec le couple présidentiel. Après quelques mois, je devinais les intentions du chef de l'État. J'avais par exemple appris à décrypter sa manière de mener un entretien.

À l'heure convenue sur le programme de la journée, mon rôle était de passer une tête dans l'embrasure de son bureau. S'il interrompait ainsi sa conversation avec son interlocuteur : « Ah ! Je crois que vous avez d'autres engagements. Il faut que nous nous séparions », je comprenais que l'huissier pouvait ouvrir grand la porte et faire sortir l'invité. Mais il arrivait aussi que le président me réponde d'un bref : « Encore cinq minutes ! » Ou encore de faire comme si j'étais transparent, inexistant. Dans ce cas, je savais que la discussion importante ne devait pas être interrompue avant un bon quart d'heure. Je refermais doucement la porte. En général, la discussion portait sur le Moyen-Orient… Quinze minutes plus tard, je faisais revenir l'huissier.

Toujours concentré, Jacques Chirac ne supportait pas d'être dérangé par un cliquetis de verres lorsqu'il menait un entretien. Aussi, aucune boisson n'était servie pendant ses rendez-vous.

Un jour, une personnalité musulmane est reçue en fin d'après-midi, en plein mois du ramadan. Je suggère qu'on apporte des dattes et un verre de lait pour lui permettre de rompre le jeûne après une longue journée d'abstinence. Jacques Chirac acquiesce : « Oui, mais vite alors ! »

Plus j'ai appris à le connaître, plus j'ai été admiratif de Jacques Chirac. Pour sa gestion courageuse de l'affaire irakienne, pour sa faculté à être en avance sur son temps en reconnaissant l'importance des autres civilisations dans l'histoire de l'humanité, pour son attention aux autres qui, si elle avait peut-être quelques motifs électoralistes, n'était jamais feinte.

À cet égard, je ne peux que souscrire aux propos de son gendre, Frédéric Salat-Baroux, ancien secrétaire général de l'Élysée, qui racontait dans un article publié par *Paris Match* : « Il faut avoir vu les mines atterrées de ses ministres quand il leur expliquait que la prééminence du monde occidental était terminée et que le centre du pouvoir était désormais en Chine (…), que le "choc des civilisations" était une folie et qu'il fallait se battre pour le dialogue des cultures. Bref, quand il leur annonçait le XXIe siècle. »

Dans mes précédents postes d'ambassadeur, j'avais l'habitude de rédiger notes et télégrammes destinés au Quai d'Orsay afin de l'informer des derniers développements dans le pays, d'essayer de promouvoir l'influence française, d'accueillir des délégations françaises, de les conseiller et de défendre les intérêts et les droits de nos ressortissants. Mais rien qui ressemble vraiment au poste de chef du Protocole – introducteur des ambassadeurs.

Le Protocole lui-même évolue sous l'effet de plusieurs mouvements. Tout d'abord, la politique extérieure de la France, en principe impulsée depuis le Quai d'Orsay, se concentre de plus en plus entre les mains du président de la République. Elle devient un élément de la politique tout court. Elle est « mise en musique ». Par conséquent, le Protocole se rapproche de l'Élysée et revient à ce qu'il était à l'origine, c'est-à-dire un instrument au service du souverain, du chef de l'État.

Jacques Chirac l'avait bien compris. Il a toujours veillé au respect scrupuleux du protocole. Le président de la République peut être simple, attentif et accessible. Il ne peut en aucun cas être « normal » puisqu'il est l'incarnation et la représentation de l'État. Il est le symbole de sa permanence.

Sous Georges Pompidou et même Valéry Giscard d'Estaing, la cellule diplomatique de l'Élysée ne comptait qu'un conseiller et un jeune diplomate, occupé à trier les télégrammes et à en sélectionner deux ou trois par jour, les plus intéressants, qui seraient apportés au président. Désormais, ils sont sept ou huit. D'autre part, depuis Henry Kissinger, la mode est aux rencontres directes entre les grands de ce monde, ce qui d'ailleurs réduit la marge de manœuvre et l'autonomie des ambassadeurs. Un de mes amis m'a raconté que son aïeul, ambassadeur à Saint-Pétersbourg au XIXe siècle, partait avec des instructions pour un an ou deux. Il recevait ensuite, de loin en loin, d'autres consignes par la valise diplomatique jusqu'à la fin de sa mission !

Autre mouvement, bien connu, l'accélération de la vie politique, qui s'est encore accentuée avec les nouveaux moyens de communication. Les décisions se prennent rapidement, il faut travailler vite mais, en même temps, tous les chefs d'État restent attentifs au cérémonial.

À ce propos, il y eut un moment de grâce après l'élection de François Hollande et avant la passation de pouvoirs entre Nicolas Sarkozy et lui en mai 2012. Pour la commémoration du 8 Mai, Nicolas Sarkozy, encore président pour quelques jours, avait invité François Hollande, président élu, à participer à la cérémonie de l'Arc de triomphe. Il montra au nouveau président comment passer les troupes en revue, ranimer la flamme, déposer la gerbe et rendre hommage aux anciens combattants. Un moment de courtoisie républicaine. Beaucoup moins appropriée fut, le jour de la passation de pouvoirs, l'attitude des nouveaux occupants de l'Élysée qui tournèrent les talons sur le perron du palais avant même que leurs prédécesseurs aient eu le temps de monter dans leur voiture.

Finalement, je n'ai qu'un regret : ne pas avoir postulé plus jeune afin de rester plus longtemps dans mes fonctions. Voir le président de la République organiser son travail, parler à ses différents interlocuteurs et négocier permet d'apprendre beaucoup, en peu de temps, notamment sur le maniement des hommes. Certains ont dit que, dans la bouche de Jacques Chirac, la vérité pouvait avoir plusieurs couleurs. Le président a plutôt compris, comme Kissinger, qu'il faut parfois dire aux gens ce qu'ils souhaitent entendre. C'est ainsi que se bâtissent les consensus dans le domaine intérieur comme en politique étrangère.

Mais, avant tout, Jacques Chirac était un travailleur infatigable. Il répétait à qui voulait l'entendre : « Faire et défaire, c'est toujours travailler. » Les veilles de voyages à l'étranger figuraient parmi les hantises de ses collaborateurs car elles donnaient lieu aux fameuses séances de relecture des discours. Crayons en main – il adorait la papeterie, disposait toujours de surligneurs de couleurs différentes, de multiples stylos, de feutres variés –, le président s'arrêtait sur chaque phrase, donnait l'impression de peser le moindre mot. Les conseillers bouillaient… mais, en réalité, le président profitait de ce moment pour se mettre son discours en bouche et pouvoir le prononcer ensuite sans regarder son texte.

La réussite du voyage en Algérie reste l'un de mes meilleurs souvenirs. Il suscita une émotion intense du côté de la délégation française comme chez nos hôtes algériens qui n'avaient pas ménagé leurs efforts.

Voir le président de la République française et sa femme acclamés par un million d'Algériens à Alger, autant à Oran, sous le regard approbateur de plusieurs millions de Français, restera pour tous un témoignage de ce consensus que Jacques Chirac s'est constamment efforcé de construire.

Remerciements

Marie-Amélie Lombard-Latune, journaliste au *Figaro*, est à l'origine de ce livre : elle m'a persuadé de l'intérêt d'un tel ouvrage et en a donc été, tout à la fois, l'initiatrice et la cheville ouvrière. Je l'en remercie profondément.

La disponibilité dont ont fait montre Annie Lhéritier, Evelyne Richard, Marthe Steffann, Christine Dalbinoé, Marie-Jeanne de Coqueraumont et Marie-Claire Faye, tout comme Jérôme Bonnafont, Daniel Revel, Jean-Pierre Asvazadourian, Frédéric Billet, Philippe Casenave, Charles le Bœuf et Thierry Hyou, jamais lassés de répondre à mes questions, m'a été droit au cœur.

Sans la rapidité avec laquelle Colette Lafargue me faisait parvenir programmes et discours, retrouvés dans les Archives de l'Élysée, j'aurais été dans l'incapacité de restituer la plupart des événements ci-dessus relatés. Qu'elle trouve ici le témoignage de ma reconnaissance.

Mes remerciements vont tout particulièrement à Alexandre-Réza Ghafouri dont les encouragements constants m'ont permis de surmonter mes doutes et mes interrogations, à Jean-Luc Sibiude avec lequel j'avais préparé le concours d'Orient et dont j'ai souvent sollicité la mémoire, à Hélène Carrère d'Encausse enfin, dont le soutien est, aujourd'hui encore, indéfectible et qui a bien voulu rectifier certaines erreurs de faits.

Ma gratitude va, pour terminer, à Frédéric Billet, aujourd'hui chef adjoint du Protocole, qui a bien voulu relire le manuscrit et formuler un certain nombre d'observations dont je me suis efforcé de tenir compte.

TABLE DES MATIÈRES

Composition PCA
44400 – Rezé

IMPRIM'VERT®

Imprimé en France
par Corlet Imprimeur
14110 Condé-sur-Noireau
Dépôt légal : mars 2014
N° d'impression : 162660
ISBN : 978-2-7499-2196-9
LAF 1818